INSIGHT GUIDES
PARIS
a Pé

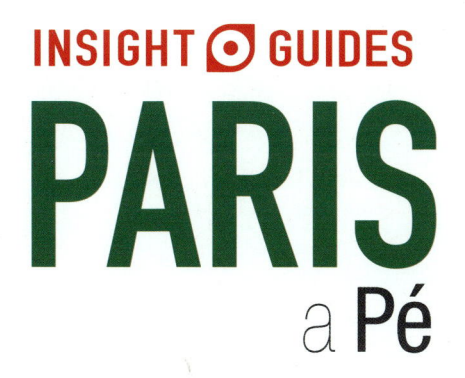

Tradução:
Estela dos Santos Abreu
Carlos dos Santos Abreu

martins fontes
selo martins

SUMÁRIO

Introdução
Sobre este livro 4
Itinerários indicados 6

Orientação
Panorama da cidade 10
Onde comer 14
Compras 18
História: datas-chave 20

Itinerários
1. As ilhas 24
2. Louvre e Tuileries 28
3. O 7º arrondissement 36
4. Champs-Élysées e Grandes Bulevares 40
5. Beaubourg e Les Halles 46
6. Marais e Bastilha 50
7. O Quartier Latin 56
8. St.-Germain 60
9. Montmartre 64
10. Trocadéro 70
11. Père Lachaise 72
12. Paris nordeste 75
13. Bercy e Vincennes 80
14. Paris oeste 82
15. La Défense 86
16. Malmaison 88
17. Versalhes 90
18. Fontainebleau 94
19. Giverny 96
20. Disneyland Resort Paris 98

Informações
A-Z 102
Hospedagem 112
Onde comer 118

Créditos e índice
Créditos 124
Índice remissivo 125

SOBRE ESTE LIVRO

O guia *Paris a pé* foi produzido pelos editores da Insight Guides que, desde 1970, estabeleceram um padrão visual para guias de viagens. Com excelentes fotos e recomendações confiáveis, você tem o que há de melhor na capital francesa em vinte itinerários que podem ser feitos a pé.

ITINERÁRIOS

Os itinerários propostos procuram atender a todos os bolsos e gostos, qualquer que seja a duração da viagem. Além de cobrir as várias atrações turísticas de Paris, este guia sugere também inúmeros percursos menos conhecidos e áreas emergentes, bem como excursões para quem deseja estender a visita até os arredores da capital.

Os itinerários abrangem interesses diversos: seja você apaixonado por arte, arquitetura ou pela boa mesa, seja amante da flora e da fauna, historiador ou monarquista, ou esteja viajando junto com seus filhos, encontrará uma opção que lhe convenha.

Recomendamos que você leia todo o itinerário escolhido antes de partir, para se familiarizar com o trajeto e poder planejar onde fazer uma parada para comer e tomar algo – as opções encontram-se nos quadros "Onde comer", com o símbolo da faca e do garfo, em várias páginas.

Para as excursões temáticas, consulte "Itinerários indicados" (*ver pp. 6-7*).

ORIENTAÇÃO

Os itinerários apresentados nesta seção dão uma visão geral da cidade, além de informações sobre alimentação e compras. Uma sucinta cronologia histórica indica os principais fatos que ocorreram em Paris ao longo dos séculos.

INFORMAÇÕES

Para facilitar os itinerários, há uma seção de informações úteis de A a Z, práticas e claras, a fim de ajudar na escolha da hospedagem e de restaurantes; tais sugestões complementam os endereços dos cafés, bares e restaurantes mais em conta sugeridos nos itinerários.

De cima para baixo:
salamandra ornamental na Pont Alexandre III; pintura da coleção Jean Walter e Paul Guillaume, na Orangerie; a esfinge do Marais; no Jardin du Luxembourg; às margens do Sena.

O autor

Especialista em artes e viagens, Michael Macaroon morou anos na França, sobretudo em Paris, onde estudou na Sorbonne. Grande conhecedor da arte e da culinária francesas, ele escreve para vários jornais. Seu fascínio pela França vem da facilidade com que o francês faz tantas coisas e tão bem: arte e arquitetura, culinária e vinho, cinema e teatro, estilo e moda. É também o autor de *Paris Smart Guide*, da Insight.

Dicas nas margens
Dicas de compras, peculiaridades, fatos históricos e dados curiosos ajudam os visitantes a curtir Paris ao máximo.

Quadros em destaque
Dados culturais relevantes são destacados nestes quadros especiais.

Dados importantes
Este quadro dá detalhes da distância a percorrer em cada itinerário e uma estimativa do tempo de duração. Mostra também onde começa e termina o percurso, dá informações indispensáveis, como as épocas mais adequadas para o passeio e as melhores opções de transporte.

Mapa do itinerário
Cartografia pormenorizada com indicação clara do trajeto por sequência numérica. Para o mapa geral, consulte o encarte que acompanha este guia.

Rodapés
O rodapé das páginas do lado esquerdo traz o nome do itinerário e, quando relevante, uma referência do mapa; o das páginas do lado direito indica a principal atração das duas páginas.

Onde comer
As indicações encontram-se nestes quadros. Os números que antecedem o nome de cada café, bar ou restaurante remetem a referências do texto principal. Os lugares recomendados estão assinalados nos mapas.

O símbolo do euro (€) que aparece em cada entrada dá o custo aproximado de uma refeição com direito a meia garrafa de vinho da casa. A tabela de preços, que também aparece na segunda orelha deste guia para facilitar a consulta, é a seguinte:

€€€€ 60 euros ou mais
€€€ 40-60 euros
€€ 25-40 euros
€ até 25 euros

SOBRE ESTE LIVRO **5**

COMPRAS

As lojas de departamentos nos Grandes Bulevares (itinerário 4), as butiques do Marais e da Bastilha (itinerário 6) e as livrarias do Quartier Latin (itinerário 7).

ITINERÁRIOS INDICADOS

CAFÉS E BARES FAMOSOS

Siga a turma da boemia no Marais (itinerário 6) ou saboreie, como os existencialistas, um café no Deux Magots e no Café de Flore em St.-Germain (itinerário 8).

EVITAR A MULTIDÃO

Procure um canto tranquilo no cemitério do Père Lachaise (itinerário 11) ou fuja do trecho apinhado de turistas e siga na direção nordeste (itinerário 12) ou para o elegante 16º *arrondissement* [distrito] (itinerário 14).

CRIANÇAS

Leve barquinhos para as Tuileries ou para o Jardin du Luxembourg (itinerários 2 e 8), visite o zoológico e o Jardin des Plantes (itinerário 7) ou saia da capital e vá à Disneylândia (itinerário 20).

PARQUES E JARDINS

Faça uma pausa num parque como as Tuileries ou o Luxembourg (itinerários 2 e 8), ou escolha áreas verdes menos conhecidas, como o bem projetado Parc des Buttes-Chaumont (itinerário 12).

COMIDA E VINHO

O 7º *arrondissement* (itinerário 3), onde se encontram os melhores restaurantes, a avenue des Champs-Élysées (itinerário 4) para os *macarons* [biscoitos de amêndoa] de Ladurée, a rue Mouffetard (itinerário 7), com sua movimentada feira, Bercy (itinerário 13), local dos antigos depósitos de vinho, ou Passy (itinerário 14) com o museu do vinho.

APRECIADORES DE ARTE

Dos três grandes – o Louvre (itinerário 2), o Musée d'Orsay (itinerário 3) e o Centre Pompidou (itinerário 5) – até outros endereços de menores dimensões como o Musée National Rodin (itinerário 3) ou o peculiar Musée Jacquemart-André (itinerário 4).

LEITORES

Preste uma homenagem a Vítor Hugo no Marais (itinerário 6), vasculhe os sebos do Quartier Latin (itinerário 7) ou visite a casa de Balzac em Passy (itinerário 14).

PARIS ROMÂNTICA

Caminhe pelas margens do Sena na charmosa Île St.-Louis (itinerário 1) ou dê uma volta matinal pelas escadarias do Sacré-Cœur (itinerário 9).

MONARQUISTAS

Siga os passos de reis e imperadores como Luís IX na Sainte-Chapelle (itinerário 1), Filipe Augusto no Louvre (itinerário 2), Napoleão em Malmaison (itinerário 16) e Fontainebleau (itinerário 18) ou Luís XIV em Versalhes (itinerário 17).

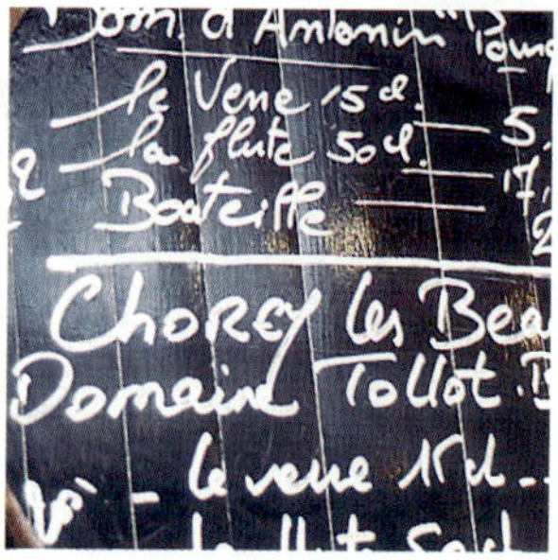
Le verre 15 cl
la flute 50 cl
Bouteille
Chorey les Bea
Domaine Tollot

GUICHETS VISITES
UNACCOMPANIED VISITS
BILLETTERIE SPECTACLES
BOX OFFICE

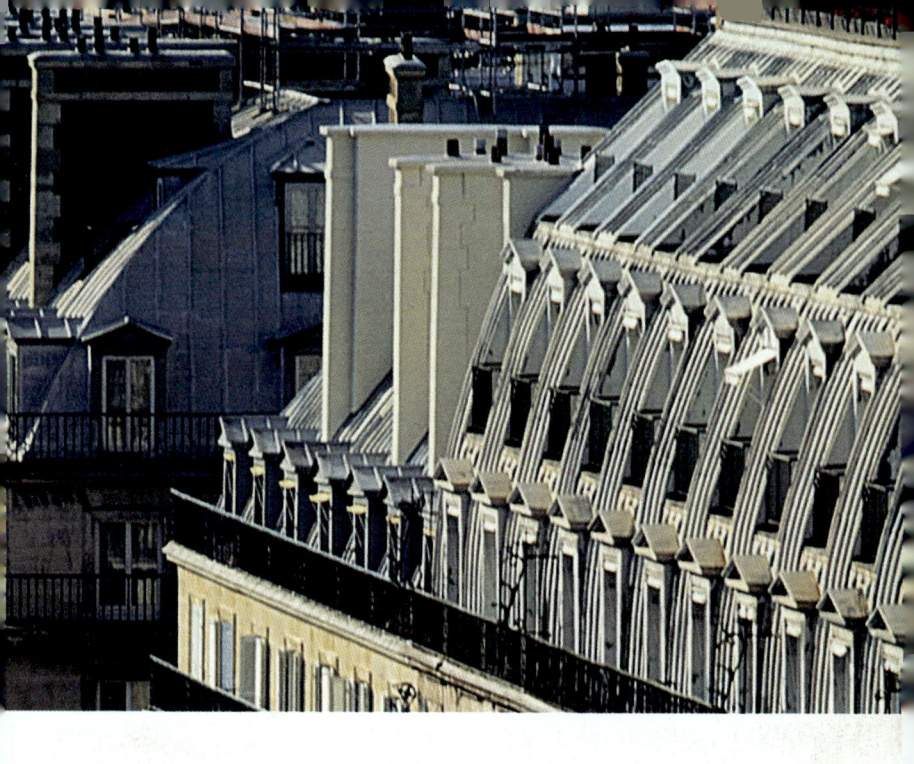

ORIENTAÇÃO

Visão geral da geografia, dos costumes, da cultura e da arquitetura de Paris, além de informações esclarecedoras sobre comidas e bebidas, compras e fatos históricos.

PANORAMA DA CIDADE	10
ONDE COMER	14
COMPRAS	18
HISTÓRIA: DATAS-CHAVE	20

PANORAMA DA CIDADE

Com dois monumentos tombados como patrimônio da humanidade, 141 museus, mais de 450 parques e jardins, e 171 igrejas e templos, é compreensível que os 2.200.000 parisienses tenham de conviver anualmente com mais de 26 milhões de visitantes.

Paris é uma cidade densa, mas, comparada com outras capitais, muito fácil de percorrer a pé. Estende-se por 13 km de leste a oeste por 9 km de norte a sul e é cercada pelo Périphérique [Periférico], famosa via expressa com 35 km de extensão. A *banlieue* [a periferia] forma dois anéis concêntricos em torno de Paris e está dividida em departamentos ou distritos.

Revolucionários
Revoltas, protestos, revoluções, greves, passeatas: parece que o parisiense gosta de reivindicar. Em 2003, foram tantas as passeatas e greves que houve uma – a maior de todas – contra as próprias greves.

Valores familiares

A taxa de natalidade francesa, de 1,9 filho por família, é superior à média europeia, mas ainda preocupa o governo. Cada *famille nombreuse* (ou seja, com no mínimo três filhos) recebe benefícios que incluem creche gratuita, desconto no transporte público, transporte e merenda escolar, e entrada gratuita nos museus. A taxa de natalidade na França tem crescido graças à numerosa comunidade muçulmana, que poderá tornar-se majoritária nos próximos 25 anos, caso persista essa tendência demográfica.

RIO SENA

A cidade é cortada pelo rio Sena, que é atravessado por 37 pontes. O rio é a mais calma – e larga – artéria da cidade e escapa um pouco do afluxo diário de turistas e do tráfego comercial dos barcos. Ele entra em Paris pelo bosque de Vincennes, a sudeste, segue serpenteando de norte a sul e passa por três pequenas ilhas: Île St.-Louis, Île de la Cité e, já fora da cidade, Île des Cygnes.

Há uma sucessão de pequenas colinas ao norte do rio, como Montmartre (o ponto mais elevado da cidade), Ménilmontant, Belleville e Buttes-Chaumont (*butte* significa colina); e, ao sul, Montsouris, a montanha Ste.-Geneviève, Butte-aux-Cailles e Maison Blanche.

PLANTA DA CIDADE

Uma das imagens mais constantes de Paris é a de avenidas longas e elegantes, ladeadas de plátanos e castanheiros. Numerosas e amplas avenidas circundam o centro da cidade, seguindo o traçado de seus sucessivos limites desde a era medieval. Muitas ruas são designadas pela palavra *faubourg*, o que indica que, outrora, faziam parte do subúrbio.

Arrondissements

A capital está dividida em *arrondissements* [distritos], cuja espiral parte da Île-de-France (1º *arr.*) na direção nordeste (o 20º *arr.*), todos eles circunscritos pelo anel Periférico. Quando os parisienses dão seus endereços, começam pelo número do *arrondissement*. Nele estão os bairros, cada qual com características próprias.

DIVISÕES TRADICIONAIS

Segundo um velho ditado, a Rive Gauche (a Margem Esquerda, ao sul do Sena) é onde se aprende a pensar – a universidade da Sorbonne lá está desde a Idade Média – e a Rive Droite (a Margem Direita, ao norte do Sena), o lugar onde se gasta dinheiro. Há, porém, além dessa divisão histórica, uma nítida diferença não oficial entre o lado leste da cidade, pólo tradicional da classe operária, e o lado oeste, predominantemente burguês. Em geral, quanto mais se avança para leste, mais se fica à esquerda no campo político. Os urbanistas lutam há décadas para diminuir o desequilíbrio social, o que redundou em projetos de renovação urbana no entorno da Bastilha (*ver p. 50*) e em Bercy (*ver p. 80*).

POPULAÇÃO

O centro de Paris tem uma densidade demográfica maior que a de Londres ou de Nova York, com seus moradores espremidos em apartamentos minúsculos que ocupam 87 km². Casa com jardim é um luxo quase inacessível, e há uma procura permanente por moradia confortável: pelo menos 150 mil pessoas estão sempre em busca de apartamento. Aluguéis caros, sobretudo nos *arrondissements* a oeste, agravam o fato de muitos parisienses já não terem tempo nem dinheiro para usufruir da cidade onde moram, prisioneiros de uma rotina que eles chamam *métro-boulot-dodo* (condução, trabalho, cama).

Contudo, para quem tem a sorte de morar no centro da cidade, as vantagens superam qualquer expectativa. De proporções humanas, limpa, relativamente segura, cosmopolita e agradável, Paris merece a fama de uma das melhores cidades do mundo para se levar bem a vida.

Da esquerda para a direita: acesso aos Grandes Bulevares; pintura do Palais Garnier; num parque parisiense; entrada do metrô.

Tipos parisienses
Um sociólogo francês certa vez declarou que em seu país não há três classes sociais e sim 63. Uma classificação bem conhecida é a BCBG *(bon chic, bon genre)*, que qualifica um indivíduo "descolado". Seu território predileto são os ricos subúrbios do 16º e do 17º *arrondissements*. Outro termo muito usado é *bobo* (*bourgeois bohème*), o tipo de "boêmio" que pode pagar os caríssimos aluguéis de St.-Germain-des-Prés ou do Marais.

À esquerda: uma parisiense chique.

Bicicletário

Seja corretamente ecológico, utilizando o mais novo meio de transporte da cidade: o Vélib' (de *vélo libre* ou bicicleta grátis – na primeira meia hora). Cerca de 20 mil bicicletas em 750 bicicletários espalhados pela cidade podem ser usadas por quem tiver o respectivo cartão. Passe o cartão e saia pedalando – com cuidado, quando houver engarrafamento. Para maiores detalhes consulte <www.velib.paris.fr>.

Abaixo: Notre-Dame.

Paris concentra tudo: arte, literatura, música, moda, ensino, pesquisa científica, comércio e política, embora haja, nos últimos anos, uma tendência à descentralização. O centralismo pode não agradar às cidades da província, mas contribui para a riqueza cultural da vida na capital. Entende-se por que o escritor Jean Giraudoux (1882-1944) afirmou que o parisiense tanto se orgulha de pertencer a uma cidade onde "ocorreu a maior parte do que se pensa, fala e escreve no mundo".

ARQUITETURA

Pouco atingida pelas duas Guerras Mundiais, Paris é o resultado de séculos de grandiosos programas urbanos. Na Segunda Guerra, escapou por um triz quando o general Dietrich von Cholhitz, governador de Paris durante a ocupação nazista, desafiou a ordem de Hitler de destruir todos os edifícios históricos da cidade antes da entrada das Forças Aliadas.

Estilos gótico e renascentista

Pouco resta, no entanto, da arquitetura anterior ao período gótico. A fachada oeste (séc. XII) da Notre-Dame (*ver p. 26*) é um belo exemplo do início do Gótico, ao passo que o transepto com sua intrincada rede e o interior da Sainte-Chapelle (*ver p. 25*) são excelentes exemplos do Alto Gótico de meados do séc. XIII.

No meio do séc. XVI, depois de campanhas na Itália, Francisco I introduziu algumas formas do Renascimento na capital francesa. O melhor exemplo da interpretação francesa do estilo renascença – conhecido como Maneirismo – é o palácio de Fontainebleau (*ver p. 94*).

Barroco e Neoclassicismo

Na primeira metade do séc. XVII, foram construídos 60 novos mosteiros e 20 igrejas na capital, com o objetivo de transformá-la numa segunda Roma. Templos como o do Val-de-Grâce, no 5º *arr.*, seguiram o modelo do Barroco romano com uma fachada de dois andares repleta de ornamentos triangulares, suportada por pilares, e a nave ampla, de abóbada semicilíndrica ladeada por capelas e uma cúpula alta sobre o transepto.

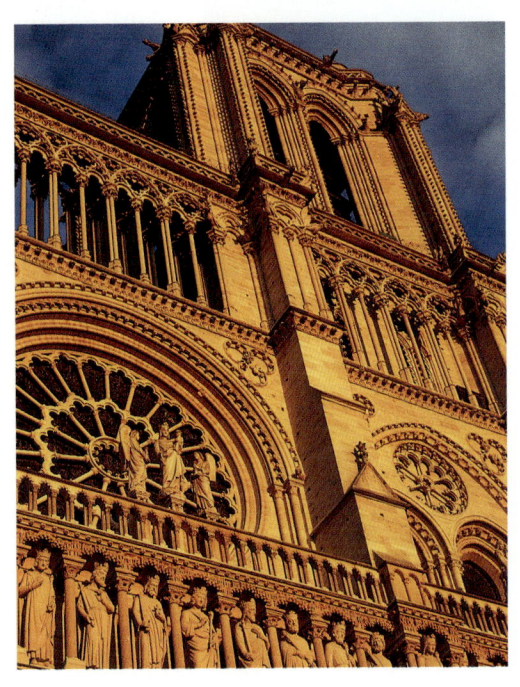

A arte francesa chegou à fase clássica no reinado de Luís XIV (1643-1715), particularmente com o palácio de Versalhes (*ver p. 90*). Louis Le Vau, Jules Hardouin-Mansart e Charles Le Brun projetaram as partes externa e interna do palácio, e o paisagista André Le Nôtre planejou os jardins.

A mesma equipe foi designada para supervisionar as transformações da capital, retirando as muralhas e substituindo os antigos portões por arcos de triunfo, e refazendo a place des Victoires e a place Vendôme, no estilo das praças nobres com estátuas como figuras centrais. O Louvre foi ampliado, e o acréscimo do trecho das Tuileries até a avenue des Champs-Élysées criou o "Eixo Real" (*ver p. 30*).

O século XIX
A queda da Bastilha em 1789 marcou o início da destruição de muitas igrejas durante os anos da Revolução Francesa. Mas Napoleão reconstruiu e aumentou o Eixo Real, acrescentando o Arc de Triomphe.

Por volta de 1860, um misto de negligência e acelerado crescimento urbano levou Paris a uma nova expansão. Sob o comando do barão Haussmann, a área residencial do centro da cidade foi demolida, o traçado das ruas modificado e parques foram projetados no entorno da cidade. A pompa burguesa da época atingiu o apogeu com a suntuosa Ópera do arquiteto Charles Garnier (*ver p. 44*), enquanto o êxito comercial se manifestou em exposições internacionais, sobretudo a de 1889, que apresentou a Torre Eiffel (*ver p. 36*).

O início do século XX
O movimento modernista das décadas de 1920 e 1930 e a *art déco*, caracterizados pela pureza de linhas e formas estilizadas, nasceram em Paris com os arquitetos Robert Mallet-Stevens e Le Corbusier, seus expoentes máximos. Ao mesmo tempo surgiu uma forma neoclássica mais espetacular, cujo melhor exemplo é o Palais de Chaillot (*ver p. 71*).

O fim do século XX
A partir dos anos 1960, Paris passou por uma transformação. As fachadas foram lavadas, a rede do metrô (Mº) modernizada, e partes mais antigas da cidade como o mercado de Les Halles (*ver p. 48*) foram demolidas. O progresso tecnológico permitiu aos arquitetos construir para o alto (La Défense, *ver p. 86*), expandir espaços internos (Centre Pompidou, La Villette, Bercy, *ver pp. 46, 77 e 80*) e utilizar materiais que refletem e deixam passar a luz.

Nos anos 1980, François Mitterrand deixou sua marca em muitos *grands projets* [grandes projetos] (*ver p. 30*), como a pirâmide da entrada do Louvre (*ver p. 30*), de I. M. Pei, o Institut du Monde Arabe, de Jean Nouvel, a Opéra de la Bastille (*ver p. 55*), o Grande Arche de La Défense (*ver p. 86*) e a Bibliothèque Nationale de France – François Mitterrand (*ver p. 81*).

O século XXI
Recentemente foi inaugurado o Musée du Quai Branly, de Jacques Chirac (*ver p. 38*), o maior museu construído em Paris desde o Centre Pompidou. Ainda não se sabe como o atual presidente Nicolas Sarkozy vai assegurar seu legado arquitetônico.

Da esquerda para a direita: Centre Pompidou; relógio do Musée d'Orsay; carrossel perto da Torre Eiffel; e *Le Moulin de la Galette*, de Renoir (*ver p. 68*).

Acima: Jardin des Plantes; colunas de Daniel Buren no Palais Royal.

A cortesia
A reputação de grosseria atribuída aos parisienses não é justa; na verdade, muitos moradores seguem normas rígidas de etiqueta e é aconselhável que os visitantes as respeitem. Ao comprar, seja uma baguete, seja um perfume Chanel, comece com um *"Bonjour Madame/Monsieur"* e termine com um *"Merci, au revoir"*, o que fará toda a diferença no atendimento.

ONDE COMER

A comida francesa não se reduz a escargots *e coxas de rã. Entre muitas outras especialidades, há ostras,* foie gras, bœuf bourguignon, steak tartare, coq-au-vin *e* sole meunière, *seguidas de sobremesas como:* tarte tatin, *musse de chocolate, ovos nevados etc.*

Salada
Uma das delícias da cozinha francesa é que a salada não precisa ser puritanamente saudável. Na salada landaise (*acima*), apenas algumas folhinhas de alface emergem de um monte de charcutaria.

Página ao lado: Le Train Bleu (*ver p. 122*). **Abaixo:** mesa posta no Atelier de Joël Robuchon (*ver p. 122*) no 7º *arr.*

Paris tem a fama de ser uma das cidades onde melhor se come no mundo, fruto de sua gloriosa história gastronômica. Talvez não apresente tantas inovações culinárias quanto Londres e Nova York, o que é uma vantagem, sobretudo para os visitantes que procuram a tradicional cozinha francesa.

CONTEMPORÂNEA E INTERNACIONAL

É claro que Paris também oferece pratos da cozinha contemporânea e internacional. Ultimamente, os jovens *chefs* têm aberto restaurantes mais modernos – indiferentes à avaliação do Michelin – que servem a culinária francesa, mas já introduzem, com prudência, sabores mais exóticos como, por exemplo, gengibre, amendoim, *curry* e limão.

A cozinha internacional, embora não tão generalizada quanto em outros lugares, é parte integrante da gastronomia local. A maior concentração de restaurantes chineses e vietnamitas fica no 5º *arr.* e no 13º *arr.* (o Quartier Latin e a nova área ao sul e leste da nova Rive Gauche), enquanto os restaurantes japoneses se concentram no 1º *arr.* (Louvre, Palais Royal e Châtelet).

Há ótimos restaurantes marroquinos por toda a parte, mas é bom começar pelas imediações da Bastilha. Há excelentes opções libanesas no 8º *arr.* e no 16º *arr.* (Madeleine, Grandes Bulevares, Champs-Élysées e região oeste), e boa comida africana perto de Pigalle e na região leste.

LUGARES ONDE COMER

Brasseries
As *brasseries* surgiram em Paris no séc. XIX, quando se aperfeiçoaram os métodos de fabricação da cerveja. Alegres, espaçosas, barulhentas e agradáveis, são em geral decoradas em estilo *belle époque*. Muitas servem especialidades alsacianas, como o chucrute, acompanhadas de canecos de cerveja; outras privilegiam os frutos do mar. Do lado de fora, pilhas de crustáceos e mariscos se amontoam

sobre o gelo, enquanto empregados de avental passam horas preparando ostras. Ao contrário da maioria dos restaurantes, as *brasseries* abrem aos domingos.

Bistrôs

Em geral, são estabelecimentos menores que oferecem variações do cardápio tradicional, como *hareng pommes à l'huile* (arenque defumado com batatas no azeite), *blanquette de veau* (vitela cozida com molho), musse de chocolate e *tarte tatin* (torta recoberta de maçã caramelizada, *ver p. 17*). Em alguns bistrôs, há iguarias regionais como *foie gras* e pato (da região sudoeste), pimenta, bacalhau, presunto cru (da região basca) e *bouillabaisse* [caldeirada] (da Provence).

Cafés

Servem sanduíches como o indefectível *croque-monsieur* (de presunto e queijo grelhados) e grande variedade de fartas saladas, *quiches* e omeletes. Alguns oferecem cardápios mais completos, com comida mediterrânea e pratos sofisticados.

Restaurantes em regiões nobres

Com ou sem estrelas no Michelin, esta categoria vai do glorioso e antiquado, com terrinas de *foie gras* salpicado de trufas e carne de cervo servida com ótimos molhos, à última novidade gastronômica, como o *sorbet* de pimenta vermelha suave, para limpar o paladar entre a vitela lentamente cozida em suco de laranja e as sobremesas à base de leite e de chocolate, propostas em cinco versões diferentes. Há restaurantes que oferecem um *menu dégustation*.

As estrelas do Michelin são levadas muito a sério na França. Quando este guia foi impresso, Paris tinha dez restaurantes três-estrelas, enquanto Londres, por exemplo, só tinha um. Perder uma estrela pode significar uma queda de clientela e abalar a reputação do *chef*. Em 2003, o simples temor de perder uma estrela após o artigo desfavorável de um crítico levou o famoso *chef* Bernard Loiseau ao suicídio.

A alta gastronomia é um negócio muito caro, e não apenas para os clientes. Gerir um restaurante de primeira classe na França custa, em média, cerca de €60 por cliente, e até os melhores estabelecimentos ficam com apenas de 2% a 5% do lucro. É natural que tantos *chefs* zelem pelo elogio de tudo, desde as panelas até os tachos de cobre.

Da esquerda para a direita: Le Square Trousseau (*ver p. 122*); torta de limão; talheres; Le Dôme du Marais (*ver p. 52*).

O chapéu do *chef*
Toque blanche (literalmente, touca branca) é o nome do chapéu engomado, alto, redondo e preguedo que os *chefs* usam no mundo todo desde a época do lendário cozinheiro Georges-Auguste Escoffier (1845-1935). Dizem que as múltiplas dobras significam as muitas maneiras de cozinhar um ovo (em geral, são cem dobras).

ONDE COMER

Queijo

Os franceses comem mais queijo que qualquer outro povo: cerca de 20,5 kg por pessoa, por ano. Vários queijos têm o gosto muito melhor do que a aparência. Alguns queijos de cabra (*ilustração acima*), por exemplo, recebem uma camada de cinzas de carvão que absorve a umidade e ajuda a conservá-los.

Abaixo: Le Petit Fer à Cheval (*ver p. 52*), no Marais.

QUEIJOS

Entre o prato principal e a sobremesa, chega o carrinho ou a tábua de queijos com o seu odor característico. Duas regras importantes: 1) na degustação de queijos, vá do mais suave ao mais forte; 2) se é você que se serve, não comece pela ponta sem casca; sempre corte o queijo de modo a preservar o formato original. Isso é de bom-tom, pois assim a última pessoa servida não ficará apenas com a casca.

É tal a variedade de queijos franceses que se pode levar anos para conhecer todos. O presidente Charles de Gaulle perguntou certa vez: "como governar um país que tem 246 tipos de queijo?". De fato, na França, o queijo e o vinho são produtos testados por um sistema de controle regulamentado (Appellation d'Origine Contrôlée – AOC). Existem atualmente na França mais de 40 queijos com o certificado AOC (o *roquefort* foi o primeiro, em 1925), num total de 350 a 400 variedades de queijo.

BEBIDAS

Bebidas alcoólicas

Na França, é costume oferecer um aperitivo antes da refeição: uma taça de champanhe, de vinho branco, de *kir* (vinho branco com licor de cassis) ou vinho do Porto.

O vinho, seja em garrafa, seja em copo ou taça, é acompanhamento obrigatório da refeição. Nos bistrôs, nas *brasseries* e nos cafés – e não nos restaurantes tradicionais –, o vinho da casa pode ser pedido em *carafes* ou *pichets* (jarrinhas de vidro ou de cerâmica). As quantidades são 250 ml (*un quart*), 500 ml (*un demi*), ou às vezes 460 ml (*un pot lyonnais*).

A tendência atual na França é beber menos vinho, mas de melhor qualidade. No entanto, o país continua a disputar com a Itália o título de maior produtor mundial de vinho, e dois terços da produção anual de 600 milhões de caixas são consumidos na França; logo, não espere encontrar marcas de outras procedências nas cartas de vinhos dos restaurantes.

Geralmente só se pede cerveja com sanduíches, pratos da Alsácia e comida asiática. A cidra acompanha especialidades da Bretanha e da Normandia, como os crepes ou os mexilhões, e é muitas vezes servida em canecas ou copos de cerâmica.

Depois do jantar, vem o *digestif*, que pode ser um cálice de conhaque, Armagnac, Calvados ou licor de frutas destilado.

Bebidas não alcoólicas e café

A maioria dos restaurantes oferece várias espécies de água mineral. Peça *eau pétillante*, se quiser com gás; *eau plate*, se quiser sem gás; ou *eau en carafe*, se você se contenta com a água da torneira, que é potável e servida gratuitamente em uma jarra de vidro.

Na França, o café costuma ser servido depois, e não junto com a sobremesa. *Café* significa expresso, preto e forte. Se quiser com um pouco de leite, peça um *café noisette*. O *café crème* (café com leite) é o que se toma de manhã; nunca o peça, portanto, depois do almoço ou do jantar! Por último, se a cafeína lhe tira o sono, peça um *café décaféiné* (*déca*, abreviado) ou uma *tisane* [chá de ervas], que é o equivalente do *déca*, ou seja, uma infusão de ervas como hortelã, cidreira, camomila, erva-doce etc., com propriedades calmantes ou medicinais.

Da esquerda para a direita: queijo de cabra da rue Mouffetard; decoração do Bœuf sur le Toit (34, rue du Colisée, 8º *arr.*); chef no Je Thé... Me, no 15º *arr.* (4, rue d'Alleray); *tarte tatin*.

Você sabia?
A *tarte tatin* (ver acima) deve seu nome às irmãs Tatin, que a inventaram por acaso no seu hotelzinho de beira de estrada, em 1889, quando, num concurso de tortas, a que elas haviam preparado deu errado.

Feiras

Ir à feira em Paris é uma atividade matinal, pois o movimento nas barracas vai das 9h às 13h. Das feiras livres diárias, o Marché d'Aligre (place d'Aligre, 12º *arr.*) tem uma parte coberta (o Marché Beauvau) com produtos de ótima qualidade e preços altos, e outra parte ao ar livre, mais barulhenta e mais barata. Depois há a feira da rue Mouffetard no Quartier Latin: procure a delicatéssen italiana Facchetti e o padeiro Steff. Entre as feiras itinerantes, existe a de Breteuil (que começa na place de Breteuil, no 7º *arr.*, às 3ªˢ e sáb.), cujas especialidades são *escargots*, morangos silvestres e *foie gras*; a da Bastilha (que se estende da place de la Bastille, no 11º *arr.*, até o boulevard Richard-Lenoir, às 5ªˢ e dom.), com bancas de cebolas, cogumelos, mel e ovos; e a de Belleville-Ménilmontant (do boulevard de Belleville ao boulevard de Ménilmontant, na divisa do 11º com o 20º *arr.*, às 3ªˢ e 6ªˢ), com variedades exóticas de pimenta, melancias e figos gigantes, repolho chinês e os *blinis* de centeio e cevada.

COMPRAS

Embora certa vez Napoleão tenha rotulado a Grã-Bretanha de "nação de comerciantes", hoje a denominação combina mais com a França: já não é considerada insulto, e sim elogio para o seu esplêndido conjunto de excelentes lojas e butiques.

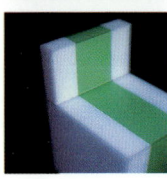

Numa época em que, esteja você onde estiver, fazer compras é um ato cada vez mais generalizado, com os mesmos grupos internacionais e as mesmas grifes de luxo em todas as cidades importantes do mundo, Paris ainda mantém a tradição de lojas especializadas que há muitas gerações pertencem a uma mesma família, e a cidade não tem tantas redes de lojas e *shopping centers* como a maioria das capitais europeias.

MAPA DAS COMPRAS

Cada bairro da cidade tem suas peculiaridades, e as lojas são um reflexo da história e da vida de seus moradores. Há lojas que vendem artigos clássicos e caros (objetos e móveis antigos muito valiosos, assim como marcas na moda) nos abastados e conservadores 7º arr. e 16º arr., e *designers* boêmios e lojas de presentes e butiques nas ladeiras de Montmartre (como na rue des Abbesses), no lado chique da Bastilha e do Marais, e ao longo do Canal St.-Martin.

Alta-costura e redes de lojas

Os grandes costureiros estão concentrados perto da avenue Montaigne (no final da avenue des Champs-Élysées), no faubourg St.-Honoré e em St.-Germain. Porém, a antes altiva rue St.-Honoré tornou-se o centro da moda de vanguarda, graças à abertura da loja Colette, a primeira a lançar a tendência "estilo de vida". Até mesmo a seleta e burguesa avenue Montaigne aceitou a entrada das modernas e badaladas marcas Paul & Joe e Zadig & Voltaire; o que, indiretamente, atraiu outras butiques e lojas de presentes bem atuais.

Tradição e mudança

Símbolo do charme no início do séc. XX, a avenue des Champs-Élysées perdeu muito de sua atração turística na década de 1980. Retomou seu prestígio no final dos anos 1990 com a chegada do *pâtissier extraordinaire* Ladurée (ver p. 43), e nos últimos anos tem sido valorizada com a abertura de lojas de muito prestígio.

Na década passada, St.-Germain foi invadido por grifes famosas, para tristeza de quem apreciava o ambiente literário do bairro com seus famosos editores e livrarias.

A recuperação já começou em torno do pouco apreciado *shopping center* do Forum des Halles. Depois de alguns anos, a prefeitura de Paris decidiu remodelar o Forum; uma imensa estrutura de vidro passará a cobrir praças e jardins que receberam novo tratamento paisagístico, cujo término está previsto para 2012.

Horários de funcionamento

Muitas lojas funcionam de 9h ou 10h até 19h. Poucos estabelecimentos abrem aos domingos, exceto no Marais, e um ou dois na avenue des Champs-Élysées. Algumas lojinhas não abrem às 2ᵃˢ ou só abrem após as 14h. Muitas fecham em agosto, mês das tradicionais férias de verão francesas. As liquidações ocorrem principalmente em janeiro e julho.

Mas nem todas as áreas estão sendo recuperadas. O aristocrático passado dos bulevares Bonne-Nouvelle e Montmartre é uma pálida lembrança, diluída pelas inúmeras lojinhas de suvenires e redes de lojas que agora dominam o bairro. Apesar disso, as lojas de departamentos, os *grands magasins* construídos no séc. XIX, mantêm a classe e a imponência.

GALERIAS E PASSAGENS

Nos anos 1840, Paris tinha mais de cem passagens cobertas, nas quais havia, no térreo, lojas e, nos andares, moradias. Eram locais onde os parisienses descobriam novidades e a última moda, sem o risco de apanhar chuva. Hoje só restam cerca de vinte, quase todas perto do Palais Royal. As passagens ficam abertas das 7h até 21h ou 22h e fecham à noite e aos domingos.

Destaques

A galeria mais bem conservada, a **Galerie Vivienne** (6, rue Vivienne, 2º *arr.*; Mº Bourse), tem um lindo piso de mosaico e um suntuoso telhado de vidro e ferro. Nesse lugar da moda, estão os ateliês de Jean-Paul Gaultier e de Nathalie Garçon, galerias de arte e o elegante salão de chá A Priori.

A **Galerie Véro-Dodat** (19, rue Jean-Jacques Rousseau–2, rue du Bouloi, 1º *arr.*; Mº Palais Royal/Musée du Louvre) data de 1826 e é talvez a mais bela passagem coberta, com lojas de portas de madeira e cobre e capitéis coríntios esculpidos. Entre as lojas de objetos muito especiais, destacam-se bonecas antigas em Robert Capia, artigos de couro em Il Bisonte e maquiagens por Terry, com hora marcada.

A **Passage du Grand Cerf** (10, rue Dussoubs ou 145, rue St.-Denis, 2º *arr.*; Mº Étienne-Marcel) é provavelmente a galeria mais tranquila: algo como a sede dos criadores e artistas. Venha ver o trabalho de corte dos *designers* gráficos, modistas de chapéus, joalheiros e lojas de luminárias.

A **Passage des Panoramas** (10, rue St.-Marc ou 11, boulevard Montmartre, 2º *arr.*; Mº Bourse), uma das passagens mais antigas de Paris, aberta em 1800, é um centro de filatelia, com alguns *marchands* especializados em gravuras. Também se destaca Stern Graveur, que executa papel timbrado e convites de casamento desde 1840.

Da esquerda para a direita: cosméticos da rede Séphora; entrada elegante do Bon Marché, no 7º *arr.*; bonito embrulho para presente; sapatos de classe no esnobe 1º *arr.*

Conversões de medidas
As medidas de roupas na França correspondem às adotadas no Brasil. Mas, para os calçados, a numeração é acrescida de dois algarismos: lá, o nosso nº 36 equivale ao 38.

Abaixo: moda atrevida na Bastilha.

HISTÓRIA: DATAS-CHAVE

A tribo dos parísios a descobriu, os romanos a dominaram, os francos a invadiram e Napoleão a regulamentou. A cultura refinada da cidade e a política revolucionária mudaram o mundo. A lista a seguir cobre a maioria dos acontecimentos, sobretudo os políticos.

HISTÓRIA ANTIGA

c. 300 a.C.	A tribo celta dos parísios instalou-se na Île de la Cité e fundou Lutécia.
58-52 a.C.	Paris é conquistada pelos romanos; construções na Rive Gauche.
c. 250	São Dinis estabelece a primeira comunidade cristã em Paris.
451	Santa Genoveva salva Paris de Átila, o Huno.
508	Clóvis, rei dos francos, faz de Paris sua capital.

IDADE MÉDIA

768-814	Dinastia carolíngia. Poder transferido de Paris para Aix-la-Chapelle.
987	Hugo Capeto é eleito rei; começa o governo dos Capetos.
1246-48	Luís IX constrói a Sainte-Chapelle.
1253	Fundação da Sorbonne.
1340	Começa a Guerra dos Cem Anos.
1420	Paris capitula diante dos ingleses, que governam até 1436.

RENASCIMENTO E ILUMINISMO

1515-47	Reinado de Francisco I, durante o qual ele começa a reconstruir o Louvre.
1589	Henrique III é assassinado.
1594	Henrique IV converte-se ao catolicismo, pondo fim às Guerras de Religião.
1667	Primeira rua iluminada em Paris.
1682	Luís XIV transfere a corte para Versalhes.

REVOLUÇÃO, IMPÉRIO E REPÚBLICA

1789	A Revolução Francesa encerra séculos de monarquia na França e proclama o estabelecimento da Primeira República. Luís XVI e Maria Antonieta são executados em 1793.
1799	Napoleão Bonaparte assume o poder e é coroado imperador em 1804.
1814-15	Queda de Napoleão propicia a restauração da monarquia dos Bourbons.
1830	Revolução burguesa; Luís Filipe de Orléans torna-se rei.

Datas-chave: reis e imperadores
Carlos Magno (768-814; *no alto, o primeiro*)
Hugo Capeto (987-996)
Luís IX (1226-70)
Francisco I (1515-47)
Henrique II (1547-59)
Henrique III (1574-89)
Henrique IV (1589-1610)
Luís XIV (1643-1715; *acima*)
Luís XV (1715-1774)
Luís XVI (1774-1793)
Luís Filipe de Orléans (1830-48)

1848	A Revolução de 1848 leva Luís Napoleão, sobrinho de Bonaparte, ao poder e dá início à Segunda República.	
1852	Luís Napoleão coroa-se como Napoleão III: o Segundo Império.	
	O barão Georges Haussmann começa a obra de urbanização de Paris, que leva dezoito anos.	
	Abertura da primeira loja de departamentos da cidade, Le Bon Marché.	
1870-71	Guerra franco-prussiana: Paris se rende. Napoleão III abdica. Fim do Segundo Império. Início da Terceira República.	
1871	Revolta da Comuna de Paris, com 25 mil mortos.	
1889	A Torre Eiffel é construída para a Feira Mundial. O Moulin Rouge abre em Pigalle.	

Da esquerda para a direita: a tomada da Bastilha; boulevard Haussmann na virada do séc. XX.

SÉCULO XX

1900	Inaugurada a primeira linha de metrô parisiense.
1914-18	Primeira Guerra Mundial.
1939-45	Segunda Guerra Mundial. A Terceira República vai até 1940.
1946	Charles de Gaulle funda a Quarta República.
1958	A crise argelina derruba a Quarta República. De Gaulle funda a Quinta República. Mulheres conquistam o direito ao voto.
1968	Passeatas dos estudantes e greves gerais dos operários abalam Paris e forçam de Gaulle a convocar uma eleição. Vitorioso, mas renuncia no ano seguinte.
1969-74	Presidência de Georges Pompidou.
1974-81	Presidência de Valéry Giscard d'Estaing.
1981-95	Presidência de Mitterrand: notável pelos *grands projets* arquitetônicos.
1998	A França ganha a Copa do Mundo de futebol, disputada em Paris.

Presidentes recentes:
Charles de Gaulle (1958-69)
Georges Pompidou (1969-74)
Valéry Giscard d'Estaing (1974-81)
François Mitterrand (1981-95)
Jacques Chirac (1995-2007; *no alto, o primeiro*)
Nicolas Sarkozy (2007-; *acima*)

SÉCULO XXI

2001	Bertrand Delanoë é eleito prefeito de Paris.
2002	O euro substitui o franco francês como unidade monetária.
2005	Manifestação urbana devido à imigração e ao racismo em Paris.
2007	Eleição presidencial vencida pelo candidato de direita Nicolas Sarkozy.

À esquerda: na época da Revolução Francesa, o líder do partido Montagnard, Jean-Paul Marat (1743-93), representado aqui em *A morte de Marat*, por Jacques-Louis David (1793), morreu durante o banho apunhalado por Charlotte Corday, do partido Girondino.

ROUGE

ITINERÁRIOS

1. As ilhas — 24
2. Louvre e Tuileries — 28
3. O 7º *arrondissement* — 36
4. Champs-Élysées e Grandes Bulevares — 40
5. Beaubourg e Les Halles — 46
6. Marais e Bastilha — 50
7. O Quartier Latin — 56
8. St.-Germain — 60
9. Montmartre — 64
10. Trocadéro — 70
11. Père Lachaise — 72
12. Paris nordeste — 75
13. Bercy e Vincennes — 80
14. Paris oeste — 82
15. La Défense — 86
16. Malmaison — 88
17. Versalhes — 90
18. Fontainebleau — 94
19. Giverny — 96
20. Disneyland Resort Paris — 98

AS ILHAS

Nas duas maiores ilhas do Sena – a Île de la Cité e a Île St.-Louis –, quatro pontos resumem a história de Paris: Pont-Neuf, Notre-Dame, Conciergerie e Sainte-Chapelle.

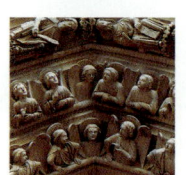

DISTÂNCIA 2 km
DURAÇÃO 2 ou 3 horas
INÍCIO Pont-Neuf
FIM Île St.-Louis
OBSERVAÇÕES
Faça o passeio de manhã bem cedo a fim de evitar a horda de turistas em Notre-Dame.

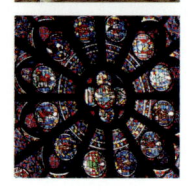

Foi na Île de la Cité, a maior ilha do Sena, que a cidade de Paris foi fundada, quando a tribo celta dos parísios lá construiu suas primeiras cabanas no séc. III a.C. Além de centro geográfico da capital, é um ponto turístico imperdível pela presença da catedral de Notre-Dame.

PONT-NEUF

O passeio começa na **Pont-Neuf** ❶, a qual, apesar do nome (Ponte Nova), é a mais antiga da cidade. Henrique III assentou a primeira pedra da sua construção em 1578; Henrique IV a inaugurou, quando concluída, em 1607.

Estátua de Henrique IV

Ao caminhar para o sul atravessando pela ponte, observe a estátua equestre de Henrique IV. Executada em 1614 por ordem de Marie de Médicis, a viúva de Henrique IV, foi destruída em 1792 durante a Revolução Francesa. Em 1818, durante a restauração da monarquia, foi refeita a partir do seu molde original, tendo como matéria-prima duas estátuas de Napoleão.

Recentemente, ao radiografar a estátua para examinar rachaduras, especialistas em restauração descobriram que o encarregado de fundi-la, um fervoroso bonapartista, colocara uma pequena estátua intacta de seu herói dentro da estátua grande. Ele também lá escondeu quatro caixas contendo uma história da vida de Henrique IV, um pergaminho do séc. XVII que autenti-

Quai des Orfèvres
A Central da Polícia e o local de trabalho do personagem Maigret (dos livros policiais de Georges Simenon) costumam ser designados por este endereço. Desde 1946 o local também emprestou seu nome a um prêmio literário para histórias de detetives. O júri do prêmio é formado por detetives profissionais.

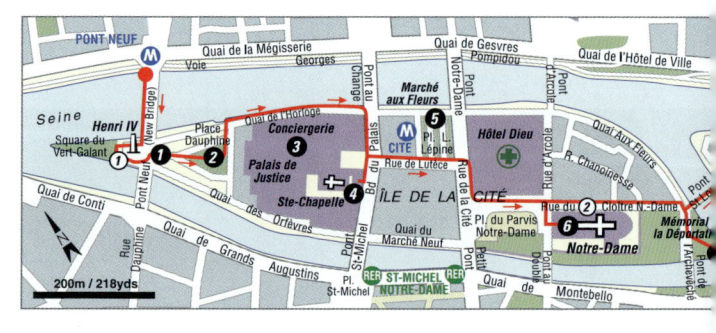

24 AS ILHAS

cava a estátua original, uma descrição de como a nova estátua tinha sido encomendada e uma lista dos que contribuíram para a subscrição pública.

Atrás da estátua, uma escada leva à **square du Vert-Galant**, um minúsculo jardim com vista para a outra margem até o Louvre e lugar ideal para um piquenique. Do lado oposto à estátua fica a **Taverne Henri IV**, ver 🍴①.

PLACE DAUPHINE

A rua ao lado da Taverne Henri IV leva à **place Dauphine** ❷. Esta praça foi encomendada por Henrique IV em 1607 para homenagear seu filho, Luís XIII, e destinada a ser um mercado. Atualmente nela existem 32 elegantes residências de pedra clara, construídas em torno de um jardim. O cantor Yves Montand foi um dos seus moradores.

Atravesse a praça e vire à esquerda para chegar ao quai de l'Horloge, cujo nome se deve ao primeiro relógio público da cidade, que fica numa torre da Conciergerie.

CONCIERGERIE

A **Conciergerie** ❸ (2, boulevard du Palais; tel.: 01 53 40 60 97; <www.monum.fr>; diariamente, mar.-out., 9h30-18h; nov.-fev., 9h-17h; entrada paga), no início, fazia parte do palácio do rei Filipe, o Justo (1268-1314), mas logo se tornou a residência do chanceler dos palácios reais ou *comte des cierges* (chanceler-mor do reino), do qual vem a palavra *concierge*.

O prédio foi mais tarde transformado em prisão e, em 1793, durante o Período do Terror, 2.600 dos condenados lá passaram sua última noite antes de enfrentar a guilhotina. Agora, como museu, estão em exposição na Conciergerie uma lâmina de guilhotina bem como o crucifixo com que Maria Antonieta rezava durante o cativeiro e o cadeado da cela de Robespierre.

SAINTE-CHAPELLE

Escondida no pátio entre a Conciergerie e o Palais de Justice (o Supremo Tribunal da França), fica a **Sainte-Chapelle** ❹, de estilo gótico (4, boulevard du Palais; tel.: 01 53 40 60 80; <www.monum.fr>; diariamente, mar.-out., 9h30-18h; nov.-fev., 9h-17h; entrada paga). A capela foi construída no séc. XIII para guardar relíquias

Acima, a partir da esquerda:
Notre-Dame; Tribunal de Justiça na Conciergerie; St.-Louis-en-l'Île; cochilando perto do Sena na Île St.-Louis.

Pont-Neuf
A ponte deve sua sobrevivência à construção em pedra, em vez de madeira, e à ausência de casas assentadas sobre ela (embora lojas fossem acrescentadas mais tarde). A estrutura nunca foi alterada. Em 1985, o artista búlgaro Christo e sua parceira Jeanne-Claude, com a ajuda de trezentos empregados, embrulharam a ponte (e todos os postes de luz) com 40.876 m² de tecido.

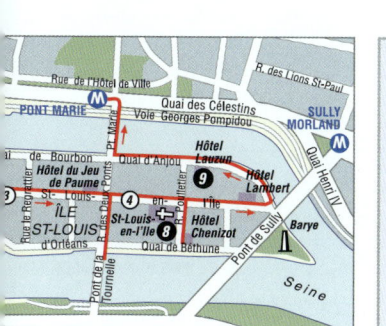

Onde comer 🍴
① **TAVERNE HENRI IV**
13, place du Pont-Neuf, 1º *arr.*;
tel.: 01 43 54 27 90; €
Pequeno restaurante na ponta da Île de la Cité, que oferece boa cozinha francesa e excelentes vinhos. Experimente os pratos de variados tipos de carne, acompanhados de um tinto. Preço excelente, considerando-se a localização.

Vitrais
Na capela superior da Sainte-Chapelle, existem 85 enormes vitrais representando 1.134 cenas bíblicas, dos quais 720 são originais do séc. XIII. Durante a Revolução Francesa, a capela funcionou como escritório administrativo, com enormes armários e arquivos bloqueando os vitrais. Por ironia, foi o que ajudou a preservá-los. As estalas, a tela da cruz de Cristo e até mesmo o pináculo foram destruídos. A capela foi restaurada no séc. XIX.

Quilômetro zero
Localize no chão da place du Parvis-de-Notre-Dame o marco de bronze com a inscrição *"Kilomètre zéro"*, ponto a partir do qual são medidas todas as distâncias na França.

sagradas, entre elas a coroa de espinhos de Cristo, comprada dos venezianos pelo devoto Luís IX pelo triplo do preço do próprio prédio.

Entre pela capela do andar debaixo que era destinada aos serviçais do palácio. Observe o teto decorado com estrelas. Escadas conduzem até a capela do andar de cima, onde a luz penetra através de vitrais de 15 m de altura, separados por espigões muito finos. Os aficionados por música de câmara devem consultar o quadro de avisos com os horários dos concertos.

MARCHÉ AUX FLEURS

Atravesse a rua até a place Louis-Lépine. No **Marché aux Fleurs** ❺ há vendedores de flores de 2ª a sábado; aos domingos o espaço é ocupado por vendedores de pássaros. Seguindo para leste e do outro lado da rue de la Cité, fica o **Hôtel-Dieu**, o mais antigo hospital de Paris. Fundado no séc. VII, foi reconstruído pelo barão Haussmann nos anos 1860. Uma entrada do hospital dá para a place du Parvis-de-Notre-Dame, defronte da catedral.

NOTRE-DAME

A construção de **Notre-Dame** ❻ (place du Parvis-de-Notre-Dame, 4º *arr.*; tel.: 01 42 34 56 10; <www.cathedraledeparis.com>; diariamente, 8h-18h45; entrada franca, exceto torres e cripta) foi iniciada pelo bispo Sully em 1163 e levou quase 200 anos para ser concluída. Nos séculos seguintes, foi palco de execuções medievais, serviu de armazém de alimentos durante a Revolução Francesa e

nela foram realizadas a coroação de Napoleão imperador, em 1804, e a cerimônia que marcou a Libertação de Paris, em 1944 (interrompida por tiros de uma tocaia, em que vários membros da congregação ficaram feridos).

Entre na catedral por um dos três portais góticos esculpidos que narram as histórias da Bíblia e da vida dos santos para o povo que não sabia ler. Logo acima, encontram-se as estátuas de 28 reis da Judeia – todas elas réplicas, porque muitas foram destruídas durante a Revolução Francesa ao serem confundidas com os reis. Vários originais foram redescobertos em 1977 e estão em exposição no Musée National du Moyen-Âge (*ver p. 59*).

No interior, 29 capelas alinham-se com a nave, transepto e coro. As rosáceas com 13 m de diâmetro datam de 1250-70 e já foram restauradas várias vezes. A *Pietà* no altar-mor da catedral foi encomendada por Luís XIII em agradecimento pelo nascimento de seu filho.

Tesouro, Cripta e Torre do Sino

O **Tesouro** (fechado dom. e feriados religiosos), na lateral da galeria sul à direita do altar-mor, exibe relíquias religiosas, mantos e cálices incrustados de jóias. A **Cripta** (3ª-dom., 10h-18h) concentra achados arqueológicos. Ao sair da igreja, vê-se a indicação para a **Torre do Sino**. A subida de 82 m em espiral conduz até o enorme sino de bronze de Quasímodo e deixa o visitante cara a cara com as gárgulas.

A leste da catedral fica o **Mémorial des Martyrs de la Déportation** ❼ (diariamente, 10h-12h e 14h-17h; no verão até 19h; entrada franca), em lembrança dos mortos da Segunda Guerra Mundial.

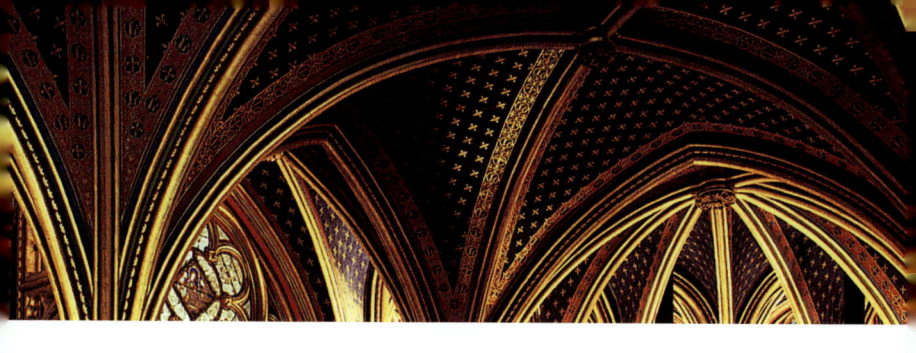

Se a essa altura você deseja almoçar, experimente **Le Vieux Bistro**, ver ⓘ②.

ÎLE ST.-LOUIS

Ao sair do Mémorial, siga pela ponte que leva à **Île St.-Louis**. Caminhe pela rue St.-Louis-en-l'Île, que percorre toda a ilha, passando por uma série de enormes mansões, butiques e restaurantes, inclusive o **Mon Vieil Ami**, ver ⓘ③. O Hôtel du Jeu de Paume, no nº 54, foi uma quadra de tênis da realeza. O Hôtel Chenizot, no nº 51, tem um esplêndido pórtico com incrustações de faunos e uma sacada apoiada em dragões.

Ao chegar à rue des Deux Ponts, observe à direita a **Pont de la Tournelle** e a estátua *art nouveau* de 1928, feita por Landowski, em honra da padroeira de Paris: lembra o dia em que santa Genoveva levou comida aos pobres.

De volta à rue St.-Louis-en-l'Île, logo se chega à igreja barroca de **St.-Louis-en-l'Île** ❽. Projetada por Louis Le Vau nos anos 1660, ela se distingue por sua espiral ornada com aberturas, pelo relógio de ferro e pelas obras de arte dos séc. XVI e XVII.

Île des Vaches

Perpendicular à rue St.-Louis-en-l'Île fica a rue Poulletier (antiga Poultier), que era um canal fortificado cuja área mais afastada fora um pasto alagadiço conhecido como a Île des Vaches. Quando um negociante, em 1614, convenceu Luís XIII a transformar a ilha em elegante área residencial, foram construídos o cais e a ponte. No fim da rue St.-Louis-en-l'Île, no nº 2, fica o Hôtel Lambert, projetado por Le Vau em 1641 para o secretário de Luís XIII. Foi aí que Voltaire viveu um tempestuoso caso de amor com a dona da casa, a marquesa du Châtelet.

Quai d'Anjou

Vire à esquerda e retorne até achar o **Hôtel Lauzun** ❾, no quai d'Anjou, nº 17. Construído em 1640 por Le Vau e tendo agora como proprietários os Rothschilds, a mansão abrigou em 1845 os poetas Théophile Gautier e Charles Baudelaire. Era num salão do segundo andar que eles mantinham o Clube dos Consumidores de Haxixe, e foi nessa casa que Baudelaire escreveu *As Flores do Mal*.

Para terminar o passeio, vire à direita e cruze a Pont Marie até o metrô. Se estiver sentindo calor, saboreie um sorvete no **Berthillon**, ver ⓘ④.

Acima, a partir da esquerda: fachada ocidental de Notre-Dame; teto estrelado da capela inferior da Sainte-Chapelle.

Monumento Barye
Na extremidade da Île St.-Louis, semelhante à popa de um navio, há um parque com um monumento dedicado a Antoine-Louis Barye (1796-1875), escultor famoso por seus bronzes de animais.

Onde comer

② LE VIEUX BISTRO
14, rue du Cloître Notre-Dame, 4º arr.; tel.: 01 43 54 18 95; €
Faça sua refeição no salão da frente, na aconchegante sala dos fundos ou no terraço. Recomenda-se o *bœuf bourguignon*.

③ MON VIEIL AMI
69, rue St.-Louis-en-l'Île, 4º arr.; tel.: 01 40 46 01 35 (fechado às 2ªs); €€€
Excelente cozinha com toque alsaciano. Pratos típicos incluem *pâté en croûte* e pernil de cervo. Suntuosa sala de jantar medieval.

④ GLACIER BERTHILLON
29-31, rue St.-Louis-en-l'Île, 4º arr.; tel.: 01 43 54 31 61 (fechado às 2ªs e 3ªs); €
Estabelecimento parisiense de sorvetes, com um atraente salão de chá.

LOUVRE E TUILERIES

O Louvre é sem dúvida o mais famoso museu do mundo e talvez o maior. Nele são exibidas 35 mil obras (de um acervo de 300 mil) nos 6 ha de salas de exposição; após a visita, você pode descansar numa cadeira do lindo Jardin des Tuileries.

Acima: o elegante Café Marly com vista para o pátio central do Louvre.

DISTÂNCIA 1,5 km, sem contar o percurso dentro do museu
DURAÇÃO Um dia inteiro
INÍCIO Louvre
FIM Jeu de Paume
OBSERVAÇÕES

Se a entrada do museu pela pirâmide estiver congestionada, entre pela rue de Rivoli, nº 99, pelo espaço comercial Carrousel du Louvre, ou diretamente saindo do metrô. Com o cartão dos museus (*ver o texto à margem, na p. 29*), é possível entrar pela Porte des Lions. Os bilhetes são válidos para o dia inteiro, o que permite voltar ao museu após uma pausa fora do prédio, num café ou restaurante (ou até mesmo nas Tuileries). Entrada franca no primeiro domingo do mês.

Este roteiro compreende uma manhã no **Musée du Louvre** ❶ (tel.: 01 40 20 50 50; <www.louvre.fr>; 5ªs e sáb.-2ª, 9h-18h, 4ªs e 6ªs, 9h-21h45; fecha nos feriados nacionais; entrada paga, exceto no 1º dom. do mês), seguida de uma tarde no Jardin des Tuileries. Se quiser tomar o café da manhã, experimente o **Café Marly**, ver ⓘ①, ou, se tiver terminado a visita no fim do dia, **Le Fumoir** ou o **Point Bar**, ver ⓘ② e ⓘ③. Mas, antes, algumas informações...

HISTÓRIA DO LOUVRE

Originalmente construído como fortaleza em 1190 pelo rei Filipe Augusto para proteger um trecho vulnerável da muralha da cidade, o Louvre foi transformado em castelo real nos anos 1360 por Carlos V, que instalou sua enorme biblioteca em uma das torres.

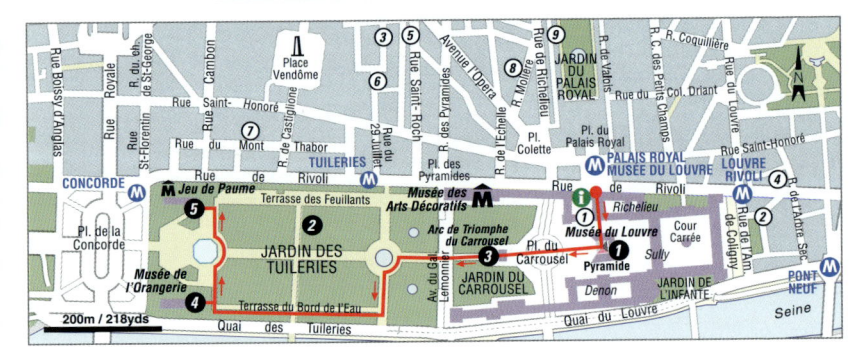

Partes do palácio foram demolidas, reconstruídas ou ampliadas por sucessivos monarcas, entre os quais Francisco I, que em 1516 convidou Leonardo da Vinci para ser o pintor da corte. O italiano trouxe consigo obras-primas como a *Mona Lisa* e *A Virgem das rochas*, atuais destaques do acervo do museu. Mas em 1682 terminou a era do Louvre como palácio real, pois Luís XIV mudou-se com toda a corte para Versalhes.

Artistas mudam-se

Depois da partida da corte, um grupo de pintores e escultores mudou-se para os salões vazios do Louvre; entre eles estava Guillaume Coustou, escultor de *Les chevaux de Marly*, atualmente uma das obras mais visitadas do Museu.

Durante o séc. XVIII, a Academia de Belas-Artes, que se unira à Académie Française e a outros grupos acadêmicos nos aposentos reais, organizou exposições no Salon Carré para os artistas apresentarem seus trabalhos. Tornou-se o tradicional "Salão" que perdurou por mais de 120 anos.

Museu nacional

Durante a Revolução de 1789, num momento de entusiasmo artístico, a Assembleia Nacional decidiu transformar o palácio em museu, realizando ironicamente os planos de Luís XVI, o rei que tinham acabado de decapitar. Aberto em agosto de 1793, o museu exibiu as coleções da família real e dos aristocratas que tinham fugido do país. Mais tarde, Napoleão empenhou-se em transferir para o Louvre muitas riquezas artísticas europeias, após suas vitoriosas campanhas militares na Itália, Áustria e Alemanha. Depois da derrota em Waterloo, em 1815, muitas dessas obras-primas foram reclamadas pelos legítimos donos, mas nem todas foram devolvidas.

Durante o séc. XIX e a primeira metade do séc. XX, houve inúmeras revoltas, sobretudo as revoluções de 1830 e 1848, a guerra Franco-Prussiana, a Comuna de Paris e duas Guerras Mundiais. O Louvre, porém, continuou a expandir suas coleções e gradualmente ocupou todo o vasto conjunto de edifícios.

Acima, a partir da esquerda: imponente fachada do palácio e estátua de Luís XIV; retrato de Francisco I; a *Vitória de Samotrácia*; antiga e nova fachadas do museu.

Onde comer

① CAFÉ MARLY
93, rue de Rivoli, cour Napoléon do Louvre, 1º *arr.*; tel.: 01 49 26 06 60; €€
Aberto 24 horas diariamente, serve um excelente café da manhã. Sente-se no terraço e contemple do alto a pirâmide de vidro, ou aproveite o luxuoso conforto do salão interno.

② LE FUMOIR
6, rue de l'Amiral-de-Coligny, 1º *arr.*; tel.: 01 42 92 00 24; €€
Este "salão para fumantes" mais parece um clube do que um bar. Os fregueses sentam-se em langorosas poltronas de couro enquanto sorvem goles de Mojitos e folheiam algum exemplar da biblioteca com mais de 3 mil livros ou da prateleira de jornais.

③ POINT BAR
40, place du Marché-St.-Honoré, 1º *arr.*; tel.: 01 42 61 76 28; €€
Bistrô famoso, moderno e elegante com belo terraço de frente para a praça. Experimente o prato típico de lombo de vitela gratinado ao parmesão com molho de trufas. Farto cardápio a preço fixo na hora do almoço.

Carte Musées

Se deseja visitar vários museus, compre um cartão dos museus de Paris e, assim, além de economizar, evitará filas em mais de 60 museus ou monumentos parisienses e da região de l'Île-de-France. Existem cartões para 2, 4 ou 6 dias (no momento da realização deste guia, por 32, 48 e 64 euros, respectivamente) que podem ser comprados nos Offices du Tourisme (postos de turismo), museus e galerias. Para outros detalhes, acesse: <www.parismuseumpass.fr>.

O LOUVRE **29**

Características da pirâmide

A pirâmide faz parte do Eixo Real ou Caminho Triunfal, um alinhamento de monumentos régios e triunfais que vai da Cour Carrée do Louvre, passa pelo Arc de Triomphe du Carrousel e pelo Arc de Triomphe de l'Étoile até o Grande Arche de La Défense. Desmentindo a crença popular, a estrutura de aço não contém o número satânico de 666 placas de vidro, e sim 673 segmentos, 603 dos quais em forma de losango e 70 em forma de triângulo.

Grands projets

O ponto alto deste plano ocorreu em 1981, quando o presidente François Mitterrand autorizou a renovação maciça do Louvre, como um de seus *grands projets*. Além da renovação do Louvre, os extraordinários projetos arquitetônicos, que foram terminados nos anos 1980 e 1990, incluíam a construção de seis novas atrações (a Cité des Sciences na Villette, o Institut du Monde Arabe à margem do Sena, o Grande Arche de La Défense, a Ópera de la Bastille, o Ministère des Finances em Bercy, a Bibliothèque Nationale François Mitterrand em Tolbiac, mais a transformação da Gare d'Orsay em Musée d'Orsay.

Quando a renovação terminou, o assim chamado "Grand Louvre" tinha duplicado sua capacidade, o que lhe confere o direito de ser chamado o maior museu do mundo, com 6 ha de espaço para exposições. É também o mais procurado, com mais de 8 milhões de visitantes por ano.

A pirâmide

A controvertida pirâmide do Louvre, projetada pelo arquiteto sino-americano I. M. Pei, foi inaugurada em 1989. O novo anexo reflete, e para alguns complementa, as antigas curvas dos prédios vizinhos. Para os tradicionalistas, porém, tal modernismo no meio do legado artístico é uma heresia. Alguns detratores atribuem a Mitterrand um "complexo de faraó" (ele já fora chamado de "a Esfinge" por seu comportamento enigmático).

Mas a pirâmide não foi projetada apenas para encantar. Permite também que a luz inunde a nova área subterrânea onde ficam os principais guichês de venda e, junto com três pirâmides menores, ilumina o local em que há lojas, restaurantes, cafés e um espaço de exposições.

ROTEIRO DO MUSEU

O próprio museu é dividido em três alas: **Richelieu** ao norte, **Sully** a leste e **Denon** ao sul. As coleções são expostas em seções identificadas por cores, para facilitar a orientação, e excelentes plantas baixas dos andares encontram-se nos balcões de venda. A seguir, um breve roteiro mostra o que está exposto e onde, com informações sobre os destaques das várias seções.

O Louvre medieval

Comece pelo piso inferior da ala Sully, onde estão os restos do forte e do calabouço Filipe Augusto, construído em 1190, bem como algumas peças descobertas em escavações nos anos 1980. Croquis e maquetes mostram o Louvre nos diferentes estágios de sua evolução, revelando as transformações por que passou.

Caminhe ao redor das muralhas e fortalezas medievais, descobrindo torres que foram os antigos portões da cidade. Das peças encontradas nas escavações, a mais impressionante é o capacete de Carlos VI, recomposto a partir de fragmentos quase irreconhecíveis e exposto na Salle St.-Louis.

Obras clássicas e egípcias e esculturas italianas

Neste ponto, suba para o térreo e para o primeiro andar da ala Sully, que abriga antiguidades egípcias e gregas. A peça mais famosa, na sala 13, é a *Vênus de Milo*, do séc. II a.C. (*ver à direita*).

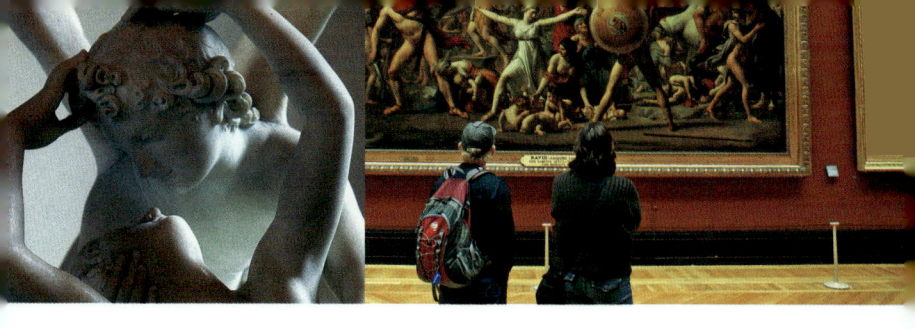

Para ver antiguidades etruscas e romanas, vá ao andar térreo da ala Denon. Lá também estão expostas esculturas italianas mais tardias, entre as quais *O escravo moribundo*, de Michelangelo, e *Cupido e Psique* (1797), do neoclássico Canova.

Escultura francesa

Para a escultura francesa, dirija-se à ala Richelieu, onde obras como *Les chevaux de Marly*, de Guillaume Coustou, estão expostas no piso inferior. No andar térreo, fica a coleção de escultura francesa, com peças que vão do séc. V ao séc. XVIII. Também aí se encontram descobertas da Mesopotâmia, tais como o Código de Hamurábi da Babilônia (1792-50 a.C.) em basalto negro, que é um dos primeiros documentos da humanidade relacionados à lei.

Obras-primas francesas

O primeiro andar expõe algumas das mais icônicas imagens do mundo ocidental. Na ala Denon estão as monumentais telas francesas, particularmente *La Liberté guidant le peuple*, de Eugène Delacroix, *Le radeau de la Méduse*, de Théodore Géricault, e *Sacre de l'empereur Napoléon Ier*, de Jacques-Louis David. Esta última retrata a cena em Notre-Dame, na qual dizem que Napoleão ignorou o Papa e coroou a si mesmo como imperador e em seguida a sua esposa Josefina.

Mona Lisa

Não muito longe, encontra-se a sala dedicada à enigmática fidalga florentina, a *Mona Lisa* de Leonardo da Vinci (denominada em francês *La Joconde*, em virtude do nome do seu marido, Francesco del Giocondo). Esse retrato do séc. XVI foi comprado para a França por Francisco I, quando o artista veio trabalhar na corte francesa (*ver p. 94*); nos anos 1980 ele foi danificado e agora é protegido por um vidro à prova de bala. Ao lado, estão as *Bodas de Caná*, de Paolo Veronese, onde, segundo a lenda, Jesus transformou a água em vinho.

Acima, a partir da esquerda: decoração palaciana; cachimbo que pertenceu a Napoleão à venda no Louvre des Antiquaires, perto do museu; *Cupido e Psique*, de Canova; visitantes admirando obras de arte.

Vênus de Milo
Com o olhar fixo e sereno, curvas delicadas e trajes sumários, a *Vênus de Milo* foi descoberta, sem braços, na ilha de Milos em 1820 e imediatamente adquirida pelo governo francês por 6 mil francos. A sensual estátua identificada como Afrodite, a deusa grega da beleza e do amor, quase sempre representada seminua, foi provavelmente inspirada pelas obras de Praxíteles. Trabalhando na metade do séc. IV a.C., o escultor grego foi precursor da arte helenística, e seus nus de deuses e deusas foram muito copiados.

À esquerda: *Le radeau de la Méduse*, de Géricault.

Acima, à esquerda:
Le Tricheur, de Georges de la Tour; *A rendeira*, de Johannes Vermeer; *Portrait de l'artiste*, de Eugène Delacroix; detalhe de *Le bain turc*, de Ingres.

Outros destaques do primeiro andar

Na escadaria que divide as alas Denon e Sully, encontram-se a *Vitória de Samotrácia* (séc. II a.C.), uma escultura que representa a deusa Atena, em forma de proa helenística, comemorando uma vitória no mar, e a brilhante Galerie d'Apollon, que guarda as joias da coroa. Observe o belo teto da galeria, pintado por Eugène Delacroix. O primeiro andar da ala Richelieu contém os aposentos de Napoleão III, decorados com várias obras de arte.

Quadros franceses e holandeses

O segundo andar é dedicado à pintura, com destaques que incluem o *Autorretrato*, de Dürer; *A rendeira*, de Vermeer; *Pierrot*, de Watteau; e *Le bain turc*, de Ingres. A Salle Rubens, dedicada às 24 obras que o pintor produziu entre 1622 e 1625 para Maria de Médicis, ilustra os principais acontecimentos da vida da rainha.

A ala Richelieu abriga obras de Flandres, Holanda, Alemanha e França (séc. XIV a XVII), enquanto o segundo andar de Sully é destinado a pinturas francesas dos séc. XVII a XIX.

O roubo da *Mona Lisa*

Em agosto de 1911, numa manhã de segunda-feira, alguém entrou no Salon Carré, tirou a *Mona Lisa* da parede e foi embora com ela. Só na terça-feira ao meio-dia é que sua ausência foi notada. Nas horas seguintes, 160 policiais esquadrinhavam o museu, que ficou fechado por uma semana. Houve suspeitas de tratar-se de uma encenação, o que atingiu até os diretores. A moldura do quadro foi encontrada embaixo da escada, e sobre o vidro havia uma impressão digital; infelizmente, não serviu para nada, pois era a marca de um polegar esquerdo, e a polícia dispunha apenas de registros da mão direita. Durante dois anos não se descobriu mais nada. Em novembro de 1913, um jovem procurou um antiquário de Florença, apresentando-se como Vincenzo Leonard e dizendo que, como patriota italiano, tinha trazido a *Mona Lisa* de volta para a Itália. Pedia uma recompensa de 500 mil liras. O negociante chamou o diretor da Galeria Uffizi e, juntos, foram ver a tela no quarto de hotel do rapaz. Sob o fundo falso de um baú, lá estava ela, em perfeito estado. Enquanto a pintura foi levada até a Galeria Uffizi para autenticação, o homem ficou aguardando no hotel. A polícia logo chegou e o prendeu; seu nome verdadeiro era Vincenzo Perugia. Após uma volta triunfal pela Itália, a pintura retornou a Paris. O ladrão, julgado em Florença, onde ganhou fama de patriota e recebeu a sentença mínima, logo foi solto por já ter cumprido a pena.

Obras de arte ainda são roubadas do Louvre de vez em quando (um Corot em 1998, uma estátua de mármore em 2002), em geral aos domingos à tarde, quando o museu está totalmente lotado.

Pausa para almoço

A essa altura, você deve estar precisando de uma refeição. As opções próximas ao Louvre são muitas; há seis recomendações no quadro 🍴 (*ver à direita*).

LES TUILERIES

Depois de satisfeito, dirija-se para o lado oeste da pirâmide, a fim de dar uma volta pelo **Jardin des Tuileries** ❷ (diariamente, 7h30-19h; entrada franca). Antigo despejo de lixo e mina de barro para o fabrico de telhas (de onde o nome *tuiles*), o jardim foi criado em 1564 para Catarina de Médicis, defronte do então Palais des Tuileries (*ver p. 34*). O jardim, planejado em estilo italiano, destinava-se a trazer à rainha lembranças de sua Toscana natal.

Parque público

Em 1664, o paisagista de Luís XIV, André Le Nôtre, redesenhou o parque de acordo com sua predileção pelas linhas retas e pelos arbustos podados. Foi aberto ao público e tornou-se a primeira área elegante ao ar livre onde as pessoas viam e eram vistas, e deu origem à fabricação das primeiras cadeiras e mictórios públicos.

Nos anos 1990, os jardins foram renovados segundo o projeto original de Le Nôtre, com o acréscimo de um novo terraço inclinado e um jardim anexo.

A Passarelle Solférino, ponte para pedestres que atravessa o Sena, foi inaugurada em 1999 e liga a extremidade sudoeste dos jardins à Rive Gauche.

Onde comer 🍴

❹ **CHEZ LA VIEILLE – ADRIENNE**
1, rue Bailleul, 1º *arr.*; tel.: 01 42 60 15 78; almoço 2ª-6ª; €€€
Bistrô tradicional com boa comida caseira. O ainda mais tradicional proprietário (natural da Córsega) recomenda a dobradinha e o *pot-au-feu*, e explica suas sobremesas.

❺ **LA FERME OPÉRA**
55-57, rue St.-Roch, 1º *arr.*; tel.: 01 40 20 12 12; €€
Self-service de iguarias com saladas saudáveis, sanduíches, sucos de frutas, bolos e tortas. Ingredientes de ótima qualidade.

❻ **LE RUBIS**
10, rue du Marché St.-Honoré, 1º *arr.*; tel.: 01 42 61 03 34; €
Bar de vinhos com pratos do dia simples, como linguiça com lentilha. Refeições são servidas apenas no almoço, mas o bar funciona das 12h às 22h30.

❼ **L'ARDOISE**
28, rue du Mont-Thabor, 1º *arr.*; tel.: 01 42 96 28 18; fecha às 2ªs; €€
Comida excelente do *chef* Pierre Jay. Ao contrário de muitos bistrôs, fica aberto o dia todo aos domingos.

❽ **LE POQUELIN**
17, rue Molière, 1º *arr.*; tel.: 01 42 96 22 19; €€€
Próximo ao teatro da Comédie-Française, adotou o nome verdadeiro de Molière (Poquelin). Oferece conforto e excelente cozinha. Ótimo cardápio com preço fixo.

❾ **BAR DE L'ENTR'ACTE**
47, rue de Montpensier, 1º *arr.*; tel.: 01 42 97 57 76; €
Nos fundos do teatro do Palais Royal, embora numa área chique, este bar não prima pela aparência. Serve lanches simples o dia todo.

Outros museus

Numa ala separada do Louvre (entrada pelo nº 107 da rue de Rivoli, 3ª-6ª, 11h-18h, sáb.-dom., 10h-18h; entrada paga), existem outras três coleções referentes a artes decorativas, moda e tecidos, e publicidade.
O Musée des Arts Décoratifs apresenta uma visão geral do *design* de interiores, das tapeçarias medievais até o *design* do séc. XXI.
O Musée des Arts de la Mode et du Textile mostra a moda e a fabricação de tecidos de Paris desde o século XVI até o presente, e o Musée de la Publicité exibe exemplos de publicidade da Idade Média até nossos dias.

Acima, a partir da esquerda:
cercas floridas em estilo francês nas Tuileries; escultura de Aristide Maillol; contemplando *Les Nymphéas* de Monet no Musée de l'Orangerie; Jeu de Paume.

Arc de Triomphe du Carrousel

Para chegar aos jardins vindo do Louvre, passe pelo **Arc de Triomphe du Carrousel** ❸, que é o menor dos três arcos do Eixo Real (os outros são o Arc de Triomphe de l'Étoile e o Grande Arche de La Défense; *ver também p. 30*). Construído em 1808 por Napoleão para comemorar suas vitórias contra a Áustria, o arco cor-de-rosa é uma imitação um tanto espalhafatosa dos arcos de triunfo construídos pelos romanos; os quatro cavalos a galope na parte superior são cópias de quatro cavalos de bronze dourado que Napoleão havia roubado da praça de São Marcos, em Veneza, para decorar este monumento. Após a queda do imperador em 1815, os originais foram devolvidos.

Jardim das esculturas

Diante do Arco, onde ficava o antigo Palais des Tuileries, existe um conjunto de esculturas de nus sensuais, criado entre 1900 e 1938 por Aristide Maillol para adornar os pequenos lagos ornamentais. Muitas outras esculturas decoram os jardins, como as obras de Marly, Le Paultre e Coustou, que foram os primeiros artistas a trabalhar no Louvre depois que Luís XIV se mudou para Versalhes. Há ainda obras de artistas bem mais recentes, entre eles Rodin, Jean Dubuffet, Ellsworth Kelly e David Smith.

Lago hexagonal

Neste ponto, continue na direção oeste para o Terrasse du Bord de l'Eau, onde os filhos de Napoleão brincavam sob o olhar atento do pai, até o **lago hexagonal** – local preferido da criançada para soltar barquinhos. Há sempre muitas cadeiras aqui para você descansar.

A ORANGERIE

No ângulo sudoeste das Tuileries, fica o **Musée de l'Orangerie** ❹ (tel.: 01 44 77 80 07; <www.musee-orangerie.fr>; diariamente, exceto 3ªs, 12h30-19h; 6ªs até 21h; entrada paga).

Les Nymphéas

O prédio foi construído como uma estufa de plantas por Napoleão III, mas

---

Tuileries, o palácio que desapareceu

Entre o Louvre e o Jardin des Tuileries, havia outro palácio. Construído por Catarina de Médicis nos anos 1560, foi mais tarde ocupado por Luís XIV enquanto Versalhes estava em construção. Na Revolução Francesa, porém, Luís XVI e Maria Antonieta foram forçados a deixar Versalhes e voltar para as Tuileries, onde foram mantidos em prisão domiciliar. O palácio foi atacado e saqueado pela multidão, e mais de mil cadáveres ficaram espalhados pelos salões; o rei e a rainha refugiaram-se na Assembleia Legislativa. O palácio foi atacado mais duas vezes por revolucionários, em 1830 e 1848, e finalmente incendiado em 1871 durante a Comuna de Paris, pois era tido como símbolo dos regimes real e imperial até então vigentes.

desde os anos 1920 abriga o conjunto de oito telas com ninfeias, *Les Nymphéas*, de Claude Monet. Nessas obras, o pintor impressionista captou a ação da luz e da cor sobre o lago no jardim de sua casa em Giverny (*ver p. 96*) em diversas horas do dia, e conseguiu transmitir assim a sensação de espaço infinito.

Várias vezes renovado e reinaugurado em 2006, o Musée de l'Orangerie exibe nas duas elegantes salas ovais do andar superior da casa os esboços originais do jardim, feitos pelo próprio Monet.

Galeria inferior

Na galeria do andar inferior, encontra-se a **Coleção de Jean Walter e Paul Guillaume**, adquirida em 1959 e 1963, com notáveis obras de Cézanne, Renoir, Matisse, Picasso, Soutine, Modigliani, Utrillo, Henri Rousseau, entre outros.

JEU DE PAUME

Tendo a place de la Concorde à sua esquerda, vá ao **Jeu de Paume** ❺, na esquina noroeste das Tuileries. O prédio, construído em 1861 para abrigar quadras de tênis do rei (daí o nome que, em francês, equivale a "tênis real"), foi logo depois transformado em museu de arte.

Centre National de la Photographie

O prédio agora é sede do elegante **Centre National de la Photographie** (tel.: 01 47 03 12 50; <www.jeudepaume.org>; 3ªs, 12h-21h, 4ª-6ª, 12h-19h; sáb.-dom., 10h-19h; entrada paga). Ele abriga exposições de todas as áreas fotográficas, das principais retrospectivas de moda e de modernas instalações de vídeo. O Centro possui outro prédio no Marais, (*ver p. 54*).

A Resistência francesa

De 1940 a 1944, o Jeu de Paume foi usado como depósito das obras de arte roubadas de judeus franceses pelo regime nazista. A curadora do museu, Rose Valland, membro da Resistência, registrou detalhes das 20 mil obras que de lá foram enviadas para a Alemanha. Conseguia até informar a seus companheiros de luta quais trens levavam tesouros de arte da França, para que eles não os explodissem. O filme *O Trem*, de John Frankenheimer, de 1964, baseou-se nesses fatos.

Abaixo: detalhe de uma das *Nymphéas*, de Monet.

3

O 7º ARRONDISSEMENT

Nas amplas avenidas do 7º arrondissement [distrito], encontram-se mansões imponentes, ministérios, embaixadas e alguns dos maiores monumentos da cidade. De todos, o mais impressionante, o símbolo por excelência de Paris e da França: a Torre Eiffel.

DISTÂNCIA 4,5 km
DURAÇÃO Um dia inteiro
INÍCIO Torre Eiffel
FIM Musée d'Orsay
OBSERVAÇÕES
Para fazer este passeio, escolha uma quinta-feira, dia em que o Musée d'Orsay (ao final do roteiro) fecha mais tarde, às 21h45. No início do roteiro, disponha-se a enfrentar filas para a Torre Eiffel, sempre apinhada de gente.

De qualquer lugar que você venha, não perca este ponto de partida do passeio, a **Torre Eiffel** ❶ (Champ de Mars; tel.: 01 44 11 23 23; <www.toureiffel.fr>; diariamente, no inverno, 9h30-23h45 para os elevadores, 9h30-18h30 para as escadas; no verão, 9h-0h45 para os elevadores, 9h-0h30 para as escadas; entrada paga). Com seus 300 m, a torre ainda é a estrutura mais alta da cidade, apesar de já não ser a mais alta do mundo – título que manteve até 1930, quando o edifício da

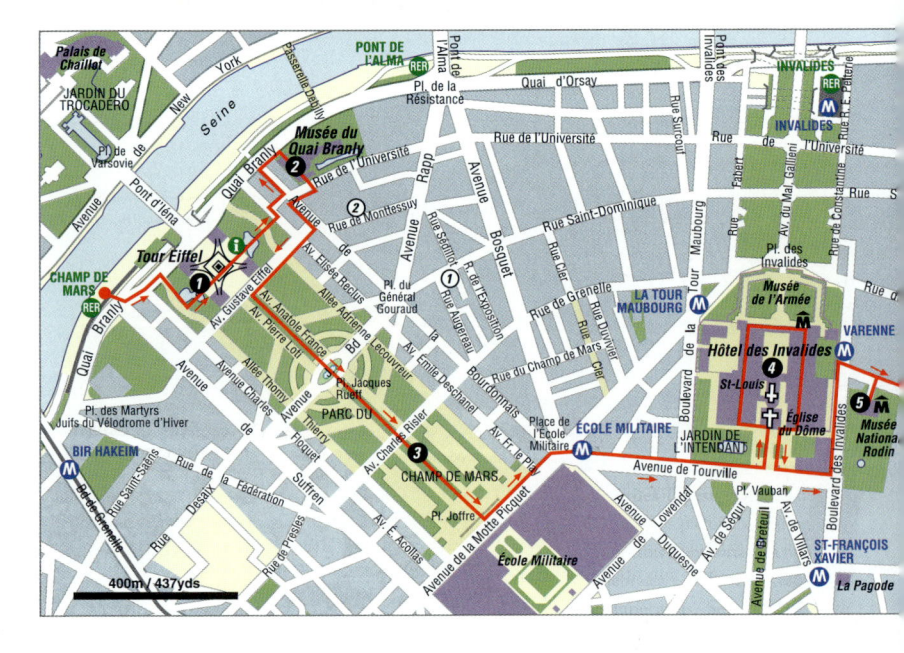

Chrysler, em Nova York, a ultrapassou em 19 m.

História

A torre, construída de acordo com o projeto do arquiteto Gustave Eiffel entre 28 de janeiro de 1887 e 31 de março de 1889 para a Exposição Universal de Paris de 1889, foi planejada para durar apenas 20 anos. No início, foi recebida com frieza: Charles Garnier, o arquiteto da Ópera, e o escritor Guy de Maupassant foram seus mais duros adversários. Maupassant organizou um piquenique de protesto embaixo dos pilares da Torre: "o único lugar de onde não se vê essa desprezível construção".

Mas a chegada do rádio e a instalação de uma antena na Torre garantiram sua sobrevivência. Mesmo assim ela enfrentou a queda de um raio em 1902, duas vendas para sucata por um artista trapaceiro em 1925, a ordem de demolição dada por Hitler em 1944 antes da entrada dos aliados em Paris, e o trabalho de corrosão: toneladas de ferrugem foram retiradas numa "limpeza de pele" em honra de seu centésimo aniversário.

Primeiro e segundo andares

O primeiro andar fica a 57 m de altura, e o segundo, a 115 m. Ao todo há 1.652 degraus. É possível subir a pé ou pelos elevadores com paredes de vidro, para os quais as filas são sempre enormes. Ao subir, lembre que já houve visitantes imprudentes que a escalaram pelo lado de fora e outros que subiram e desceram pelos degraus de bicicleta e moto.

Uma forma de evitar as filas é subir para uma refeição no restaurante Jules Verne, no segundo andar (reserva indispensável; tel.: 01 45 55 61 44), que dispõe de elevador particular. É uma despesa a mais, mas as paisagens são incomparáveis.

Terceiro andar

A partir do segundo andar, só há acesso pelo elevador, o que significa novas filas. Ele leva os visitantes até o terceiro andar (300 m), de onde a vista pode abranger um raio de cerca de 65 km em dias claros. A plataforma no terceiro piso é envidraçada, e placas indicam cada ponto a ser avistado. Também nesse andar ficam o salão Gustave Eiffel, réplica da sala original, e uma loja de presentes.

Embora existam restaurantes na torre, sugerimos alguns das ruas próximas: **Café Constant**, ver ⓘ①, e **Au Bon Accueil**, ver ⓘ②.

Acima, a partir da esquerda: a Torre; Gustave Eiffel em 1880; a caminho da École Militaire; gravura da Exposição Universal de 1889.

Manutenção
Desde que foi construída, a torre foi repintada 18 vezes. A cada vez, são necessários 60 toneladas de tinta, 50 km de cabos de segurança, 2 ha de tela de proteção, 1.500 pincéis e mais de um ano para completar a tarefa. Na verdade, as tonalidades da tinta variam de escuras no topo para claras na base, para que a torre seja vista com um tom só (já que o céu é claro e o chão, escuro).

TORRE EIFFEL 37

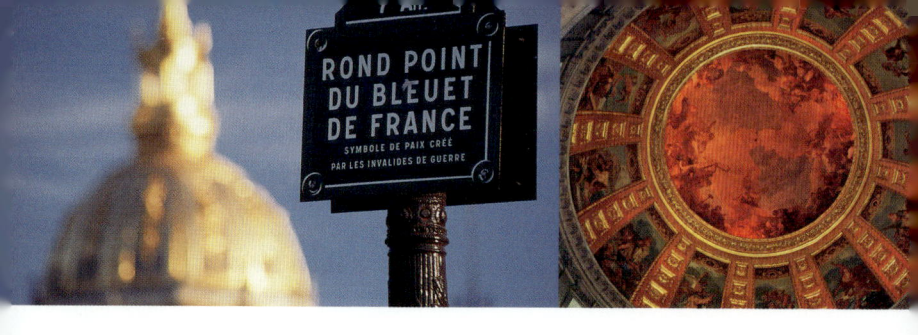

Acima, à esquerda: a cúpula dourada da Église des Invalides; vista interior da cúpula; *Le Penseur*, de Rodin; *La méridienne*, de Van Gogh, no Musée d'Orsay.

O túmulo de Bonaparte
Napoleão morreu em 1821 na ilha de Santa Helena. Em 1840, após 7 anos de negociação entre os ingleses e Luís Filipe, rei da França, o caixão foi exumado e aberto por dois minutos, antes de ser transportado para a França a bordo da fragata *La Belle Poule*. Diz-se que o corpo estava em perfeito estado de conservação. O túmulo atual compõe-se de seis camadas de caixões dentro de um sarcófago de pórfiro vermelho da Rússia.

QUAI BRANLY

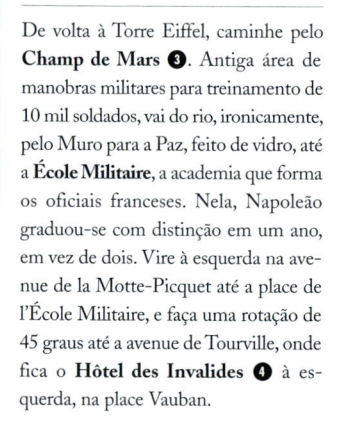

Após o almoço, talvez lhe interesse visitar o mais novo museu da cidade, o **Musée du Quai Branly** ❷ (29-55, quai Branly; tel.: 01 56 61 70 00; <www.quaibranly.fr>; 3ª-dom., 10h-18h30, 5ªs até 21h30; entrada paga). Para chegar lá, ao sair da Torre Eiffel, vá pela margem do rio, na direção leste. O museu de antropologia mostra culturas tão diversas como as das ilhas do Pacífico e da África.

CHAMP DE MARS

De volta à Torre Eiffel, caminhe pelo **Champ de Mars** ❸. Antiga área de manobras militares para treinamento de 10 mil soldados, vai do rio, ironicamente, pelo Muro para a Paz, feito de vidro, até a **École Militaire**, a academia que forma os oficiais franceses. Nela, Napoleão graduou-se com distinção em um ano, em vez de dois. Vire à esquerda na avenue de la Motte-Picquet até a place de l'École Militaire, e faça uma rotação de 45 graus até a avenue de Tourville, onde fica o **Hôtel des Invalides** ❹ à esquerda, na place Vauban.

LES INVALIDES

A construção de uma residência e hospital para idosos e soldados feridos foi iniciada por Luís XIV em 1670, tendo como arquitetos Libéral Bruant e, depois, Hardouin Mansart. Chegou a receber 6 mil inválidos. Hoje, uma parte ainda é hospital; a outra, um museu de história militar.

Existe também uma capela para os veteranos, que eram convidados a frequentá-la diariamente, e, separada, uma capela real de cúpula dourada, a **Église du Dôme** (tel.: 01 44 42 40 69; <www.invalides.org>; abr.-set., diariamente, 10h-18h45; out.-mar. diariamente, 10h-17h; fecha na primeira 2ª-feira do mês; entrada paga). Desde 1840, a Église du Dôme é dedicada ao culto de Napoleão.

O **Musée de l'Armée** (tel.: 01 44 42 38 77; <www.invalides.org>; diariamente, 10h-17h e até 18h no verão; entrada paga) contém o arsenal real (onde, em 1789, os revolucionários se apossaram de 30 mil espingardas para atacar a Bastilha), uma ótima coleção de quadros (observe *Napoléon Ier sur le trône impérial*, de Ingres) e seções dedicadas às duas guerras mundiais.

MUSÉE NATIONAL RODIN

Assim que você sair dos Invalides, vire à esquerda no boulevard des Invalides, atravesse a rua e vire à direita, na rue de Varenne. À direita fica o **Musée National Rodin** ❺ (77, rue de Varenne; tel.: 01 44 18 61 10; <www.musee-rodin.fr>; 3ª-dom., 9h30-17h45; no inverno até 16h45; entrada paga).

O museu fica no Hôtel de Biron, construído como residência particular em 1728 para um próspero fabricante de perucas. Rodin mudou-se para lá em 1908 e doou todas as suas obras para o Estado, sob a condição de elas serem expostas na casa e no parque.

Destaques
Ao chegar, você vê no jardim a famosa estátua de Rodin, *Le penseur*. No interior do prédio, a decoração é simples

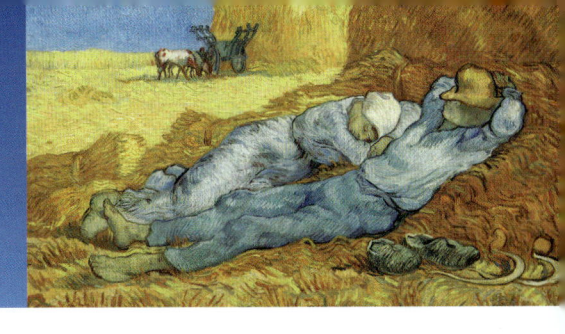

mas elegante: pisos de madeira, escadas de mármore, espelhos dourados, portas-balcão, tetos belíssimos. Além das obras de Rodin, há também quadros de Van Gogh, Monet e Renoir, e esculturas de Camille Claudel, colaboradora e amante de Rodin. Por ser mulher, a artista foi muito injustiçada e, quase esquecida, acabou internada num asilo. Nos belos jardins atrás da casa estão espalhadas várias estátuas de Rodin. Lá se encontra também um café.

MUSÉE D'ORSAY

Continue descendo a rue de Varenne, passe pelo **L'Arpège**, ver ⑪③, um excelente restaurante para almoço ou jantar, e depois vire à esquerda na rue de Bellechasse. Se você passar da esquina, à direita na rue de Varenne fica o **Hôtel Matignon**, a residência do primeiro-ministro da França. Seguindo pela rue de Bellechasse até o rio, você chega ao **Musée d'Orsay** ❻ (1, rue de la Légion d'Honneur; quai Anatole France; tel.: 01 40 49 48 14; <www.musee-orsay.fr>; 3ª-dom., 9h30-18h, 5ªs até 21h45; entrada paga).

Este museu de arte foi, originalmente, uma estação de trem, construída para a Exposição Universal de 1900; depois, serviu como cárcere de prisioneiros durante a Segunda Guerra Mundial, cenário de vários filmes e sede de uma casa de leilões. Só se tornou o magnífico museu atual nos anos 1980.

Exposições

Dedicadas às artes de 1848 a 1914, as galerias seguem uma ordem cronológica. No andar térreo, por onde os trens do sudoeste da França resfolegavam, você é levado desde Delacroix e Corot até o nascimento do Impressionismo, com os primeiros Monet e Renoir. No mezanino, estão desenhos *art nouveau*, quadros de Vuillard e Bonnard, e esculturas de Maillol e Rodin. Há ainda um restaurante em exuberante estilo *belle époque* e um relógio com figuras (ver pp. 100-1). No andar superior, sempre lotado, estão os pós-impressionistas, particularmente Van Gogh, Cézanne, Seurat, Toulouse-Lautrec e Degas.

Ao terminar este roteiro, observe que bem junto ao museu se encontra um bom restaurante para jantar (a leste), ver ⑪④.

La Pagode
A primeira rua ao sul da rue de Varenne é a rue de Babylone, onde no n. 57bis fica o cinema La Pagode (tel.: 01 45 55 48 48). O prédio é uma cópia deslumbrante de um pagode japonês, com luxuoso e belíssimo interior dourado cercado por um lindo jardim.

Onde comer

① LE CAFÉ CONSTANT
139, rue St.-Dominique, 7º *arr.*; tel.: 01 47 53 73 34; 3ª-sáb.; €€
Neste tradicional café-bistrô, com serviço no balcão e cardápio escrito num quadro-negro, o *chef* Christian Constant prepara pratos de alta qualidade por preços razoáveis.

② AU BON ACCUEIL
14, rue de Monttessuy, 7º *arr.*; tel.: 01 47 05 46 11; 2ª-6ª; €€€
Sofisticada e elegante, a decoração tem um toque de classe, assim como a comida servida. O cardápio a preço fixo do jantar (cerca de €30) é excelente. Sente-se no terraço para apreciar a Torre Eiffel.

③ L'ARPÈGE
84, rue de Varenne, 7º *arr.*; tel.: 01 45 51 47 33; 2ª-6ª; €€€
O *chef* Alain Passard tem sido chamado de "poeta das coisas da terra" por seus cardápios criativos e pela exclusividade da sobremesa de doce de tomate com 12 condimentos (para quem descobrir quais são eles, o prato é grátis).

④ LE VOLTAIRE
27, quai Voltaire, 7º *arr.*; tel.: 01 42 61 17 49; 3ª-sáb.; €€
A comida neste bistrô à margem do rio vai do rústico (o coelho sauté) ao luxo (omelete de lagosta).

CHAMPS-ÉLYSÉES E GRANDES BULEVARES

4

Este roteiro compreende algumas das mais elegantes avenidas, praças e lojas da cidade, bem como atrações arrojadas e importantes: desde o monumental Arc de Triomphe até o Grand e o Petit Palais da belle époque, *e as históricas lojas de departamentos da capital.*

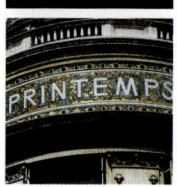

DISTÂNCIA 4,75 km
DURAÇÃO Um dia inteiro
INÍCIO Arc de Triomphe
FIM Palais Royal
OBSERVAÇÕES

Este roteiro é bem mais longo, por isso talvez convenha, após a visita ao Arc de Triomphe, tomar o ônibus 73 até a avenue des Champs-Élysées, poupando energia para a segunda parte do passeio. Reserve com antecedência a entrada para o Grand Palais, se deseja evitar filas.

Acima: joias elegantes; grand magasin.

Há muito a ser visto neste roteiro, de modo que ele pode ser feito em duas partes: do Arc de Triomphe até a place de la Concorde, e da Madeleine até o Palais Royal.

ARC DE TRIOMPHE

No metrô Charles-de-Gaulle-Étoile, use o acesso subterrâneo que leva ao centro da praça circular, no meio de um caótico turbilhão de carros (os acidentes aqui não são cobertos pela maioria das companhias de seguro).

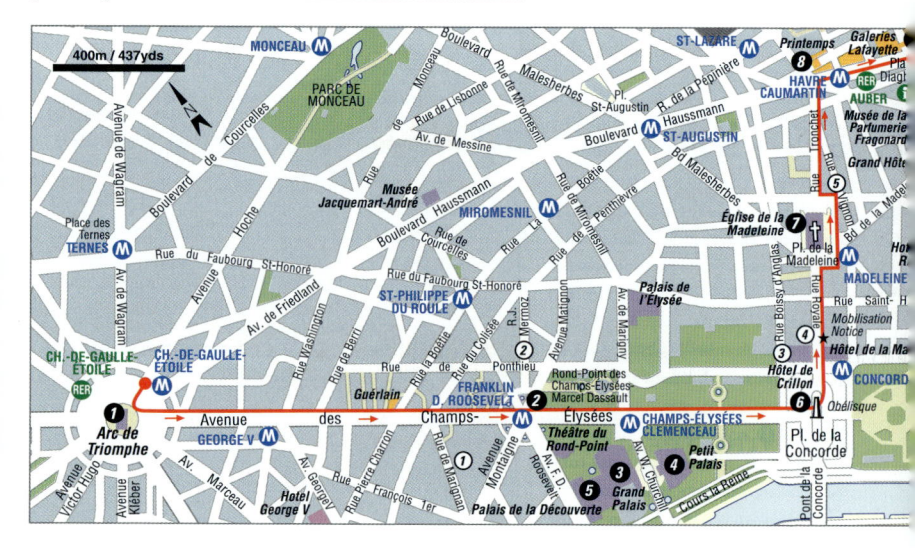

40 CHAMPS-ÉLYSÉES E GRANDES BULEVARES

Bem no meio fica o **Arc de Triomphe** ❶ (place Charles-de-Gaulle; tel.: 01 55 37 73 77; <www.monum.fr>; diariamente, 10h-23h, no inverno até 22h30; elevador para deficientes; entrada paga), iniciado por Napoleão em 1806, mas concluído somente 30 anos depois pelo rei Luís Filipe.

É uma homenagem ao exército de Napoleão, e suas figuras destacam famosas vitórias. À direita (de costas para a avenue des Champs-Élysées), fica a *Marseillaise*, esculpida por François Rude, representando a "Nação" que leva os franceses a combater pela liberdade do país. Sob o Arco, encontra-se o **Tombeau du Soldat Inconnu**, inaugurado em 1920 e com uma chama permanentemente acesa.

Do alto do monumento é possível apreciar as 12 avenidas que partem da Étoile, como a praça é geralmente conhecida. Foi o "outro" Napoleão (sobrinho de Bonaparte, também chamado "Napoleão, o Pequeno") que, junto com o barão Haussmann, prefeito de Paris, criou estes amplos bulevares ladeados de castanheiros.

CHAMPS-ÉLYSÉES

Iniciada por Louis XVI em 1667, a avenue des **Champs-Élysées** foi projetada pelo arquiteto paisagista André Le Nôtre como uma extensão do Jardin des Tuileries, seguindo na direção oeste a partir do Louvre. Durante o Segundo Império (1852-70), a avenida recebeu hotéis suntuosos, lojas chiques e cobiçados endereços do mundo dos negócios. Em 1871, as tropas prussianas de Bismark marcharam até lá em triunfo e, em 1940, foi a vez das tropas de Hitler. Hoje, a avenida abriga cinemas, restaurantes e as mais importantes e luxuosas lojas das grandes redes.

Acima, a partir da esquerda: place Charles-de-Gaulle vista do alto; detalhes da *Marseillaise*, de François Rude; o Arco à noite; *Le Premier Consul franchissant les Alpes au col du Grand-St.-Bernard*, de Jacques-Louis David.

Barão Haussmann Quase todos os Grandes Bulevares e avenidas deste roteiro são obra do barão Georges-Eugène Haussmann (1809-91), prefeito de Paris que decidiu renovar a cidade: o conjunto de avenidas largas e arborizadas trouxe benefícios para a saúde dos moradores e deu mais brilho à cidade, além de dificultar a ação da plebe pós-revolucionária que costumava bloquear as ruas com barricadas.

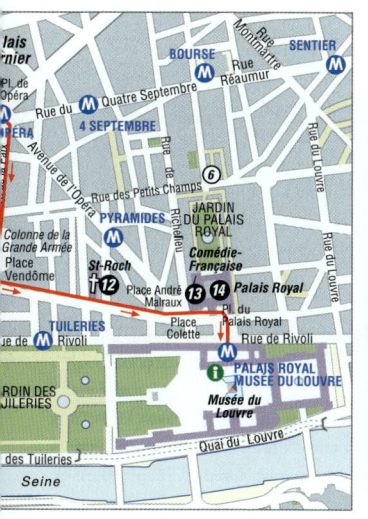

À esquerda: Grand Palais.

Alta-costura
A primeira rua à direita ao sair do Rond-Point é a avenue Montaigne, onde muitas e sedutoras casas de moda, como Céline, Chanel, Christian Dior, Loewe, Prada, Jil Sander, Ungaro e Louis Vuitton, possuem lojas de luxo.

Entre a parte alta da avenida e o **Rond-Point** ❷, na metade da caminhada, você passa pelo luxuoso **Hôtel George** V, na avenida de mesmo nome à direita, e pela loja de perfumes Guerlain, com belíssima decoração, à esquerda, no n. 68.

Depois do Rond-Point, à direita (antes do Grand e do Petit Palais), fica o **Théâtre du Rond-Point**, com um interior de muito bom gosto (e o bar).

À esquerda fica o **Palais de l'Élysée**, a residência do presidente da República, na descida da avenue de Marigny. Se já for a sua hora de almoço, uma opção elegante é o **Spoon**, ver 🍴①, ou o respeitável **Chez Germain**, ver 🍴②, que paira acima de qualquer modismo.

GRAND E PETIT PALAIS

O Grand e o Petit Palais, na avenue Winston-Churchill, foram construídos para a Feira Mundial de 1900. O **Grand Palais** ❸ (3, avenue du Général-Eisenhower; tel.: 08 92 68 46 94; <www.rmn.fr>; diariamente, exceto 3ªs, 10h-20h: 10h-13h para os visitantes já munidos de ingressos e 13h-20h para os outros; entrada paga), nos seus 5 mil m², organiza exposições de arte que atraem multidões, inclusive o anual Paris Motor Show.

O **Petit Palais** ❹ (avenue Winston-Churchill; tel.: 01 53 43 40 00; 3ªs, 10h-20h; 4ª-dom., 10h-18h; entrada paga), em estilo rococó, expõe o acervo do **Musée des Beaux-Arts de la Ville de Paris**. O prédio, inspirado no Grand Trianon de Versalhes (ver p. 92), de mármore multicolorido, com uma galeria magistral e jardim com arcadas, abriga as coleções de belas-artes e artes decorativas da cidade, entre as quais antiguidades gregas e romanas, imagens sacras e mobiliário *art nouveau*.

PALAIS DE LA DÉCOUVERTE

Atrás do Grand Palais, na avenue Franklin-D.-Roosevelt, fica o **Palais de la Découverte** ❺ (tel.: 01 56 43 20 21; <www.palais-decouverte.fr>; 3ª-sáb.,

---

Onde comer

① SPOON, FOOD & WINE
14, rue de Marignan, 8º *arr.*; tel.: 01 40 76 34 44; fecha sáb.-dom.; €€€€
Protótipo das cozinhas globais do *chef* Alain Ducasse, que incorpora a gastronomia do mundo inteiro. Muito criativa e feita com esmero, a comida custa caro (experimente os cardápios de almoço, menos dispendiosos). Sobremesas americanas incluem sorvete de jujuba. Decoração um pouco exagerada; os painéis de parede brancos da hora do almoço são erguidos, à noite, para deixar à mostra o autêntico forro púrpura. Reserve com antecedência.

② CHEZ GERMAIN
19, rue Jean-Mermoz, 8º *arr.*; tel.: 01 43 59 29 24, fecha sáb.-dom.; €€
Saindo da avenue des Champs-Élysées e do Rond-Point e seguindo na direção norte até este bistrô, você passa da metrópole à província. A combinação de cozinha moderna e arrojada do *chef* Frédérick Gauthier, além do atendimento atencioso, faz com que a procura seja grande; convém fazer reserva.

③ BAR DU CRILLON
6, rue Boissy-d'Anglas, 8º *arr.*; tel.: 01 44 71 15 39; 2ª-sáb., 11h-2h; €€€
Hotel de primeiríssima classe com restaurante e bar onde Ernest Hemingway, quando tinha dinheiro, costumava tomar seus aperitivos. Na virada do séc. xx, a decoração foi reformada pela *designer* Sonia Rykiel. Não é permitido entrar de *jeans* ou tênis.

④ MAXIM'S
3, rue Royale, 8º *arr.*; tel.: 01 42 65 27 94; 3ª-6ª, 12h30-22h, sáb., 7h30-22h30; €€€€
Fundado com esse nome como um pequeno bistrô, o Maxim's é hoje um restaurante *art nouveau* de luxo, de propriedade do estilista Pierre Cardin, que serve pratos finos à moda antiga. No andar superior, um museu "recria" os aposentos de uma rica cortesã com peças da coleção *art nouveau* de Pierre Cardin.

9h30-18h, dom., 10h-19h; entrada paga), um museu de ciências muito interessante para crianças. Apresenta uma série de experiências interativas, com planetário, sala eletrostática e um espaço onde se explica a acústica.

PLACE DE LA CONCORDE

Prosseguindo até a parte mais importante da avenue des Champs-Élysées, chega-se à **place de la Concorde** ❻, onde há uma cópia de *Les chevaux de Marly*, de Guillaume Coustou (os originais estão no Louvre, *ver pp. 29 e 31*). No centro desta enorme praça fica um **obelisco** do túmulo de Ramsés III em Luxor. Presente do vice-rei do Egito em 1829, levou 4 anos para chegar até Paris. Antes disso, lá ficava a guilhotina, e foi onde Luís XVI foi decapitado em janeiro de 1793. Suas últimas palavras foram: "Que o meu sangue traga felicidade para a França".

A leste da praça, fica o **Jardin des Tuileries** (*ver p. 33*), enquanto ao norte há dois palácios idênticos, projetados em 1753 pelo arquiteto de Luís XV, Ange-Jacques Gabriel. O prédio à direita abriga o Ministério da Marinha; o outro é o **Hôtel de Crillon** (*ver p. 112*), ver 🍴③. Neste é que Maria Antonieta vinha ter aulas de piano; nele ficou hospedada a delegação americana para a Conferência da Paz de Paris em 1919; foi também a sede do alto comando alemão durante a Segunda Guerra Mundial.

Caminhe até a rue Royale, que separa os dois palácios. No muro do n. 4, encontra-se um curioso aviso de mobilização militar, hoje em dia emoldurado, que data da Primeira Guerra Mundial.

Do outro lado da rua, fica o **Maxim's**, ver 🍴④, bom para quem gosta de pagar caro por um almoço diferente.

A MADELEINE

Pela rue Royale logo se chega à **place de la Madeleine**, onde se destaca a **Église de la Madeleine** ❼ (tel.: 01 44 51 69 00; diariamente, 9h-19h; entrada franca), em estilo neoclássico. A igreja é o resultado de 80 anos de longa controvérsia e tentativas frustradas – o local foi cogitado para ser bolsa de valores, salão de bailes público, biblioteca e estação de estrada de ferro –, até que em 1806 Napoleão determinou que Barthélemy Vignon lá construísse um pavilhão para o exército. Só foi concluído em 1842, ocasião em que decidiram consagrá-lo como igreja. Hoje, muito conhecida, conta com um dos melhores órgãos da cidade (lá tocaram os compositores Saint-Saëns e Fauré).

Na praça, encontram-se um mercado de flores, as principais filiais das famosas delicatéssens **Fauchon** e

Acima, a partir da esquerda: moda chique em Inès de la Fressange; place de la Concorde; o Maxim's; a Madeleine.

Macarons
No n. 16 da rue Royale, fica o Ladurée, expoente máximo do doce feito com amêndoas, açúcar e claras. O seu "laboratório" parisiense emprega 45 *pâtissiers* [confeiteiros] e mais 81 ajudantes que produzem diariamente o melhor *macaron*, além de criarem novos sabores, como o de pétala de rosa e o de alcaçuz.

Acima, a partir da esquerda:
no Musée Fragonard; retrato de Molière; xadrez vermelho e branco no Le Roi du Pot-au-Feu; arcadas do Palais Royal.

Jacquemart-André
Faça um pequeno desvio de rota até o n. 158 do boulevard Haussmann, onde fica o Musée Jacquemart-André (tel.: 01 45 62 11 59; <www.musee-jacquemart-andre.com>; diariamente, 10h-18h; entrada paga). O museu expõe peças de arte e mobiliário que pertenceram ao abastado colecionador Édouard André e sua esposa, a pintora Nélie Jacquemart. Destacam-se obras de Boucher, Rembrandt e Ticiano, bem como um suntuoso salão de refeições (11h45-17h30), com o teto *trompe-l'œil* de Tiepolo, amplas janelas e doces deliciosos.

Hédiard, e o luxuoso salão dos fabricantes da mostarda **Maille**.

Depois da Madeleine, caminhe até a rue Tronchet e siga à direita até a rue Vignon, onde fica **Le Roi du Pot-au-Feu**, ver 🍴⑤.

GRANDES BULEVARES

Vire à direita até o boulevard Haussmann, onde há a mais famosa loja de departamentos da cidade, **Au Printemps** ❽ no n. 64 e, ali perto, no n. 40, as **Galeries Lafayette** ❾, ambas em prédios magníficos e com estoque variadíssimo.

Na place Diaghilev, vire à direita descendo até a rue Scribe. Nessa rua fica o **Grand Hôtel** de 1862 e o **Musée de la Parfumerie Fragonard** (9, rue Scribe; tel.: 01 47 42 93 40; 2ª-sáb., 9h-18h, dom., exceto no inverno, 9h30-16h30; entrada franca), que mostra a arte de fabricar perfumes.

OPÉRA

Vire à esquerda até a rue Auber para chegar à place de l'Opéra, onde o **Palais Garnier** ❿ (08 36 69 78 68; <www.operadeparis.fr>; diariamente, 10h-18h; entrada paga) tem uma programação de ópera e balé, tal como a recente Ópera da Bastilha (*ver p. 55*). Ela tem o nome do arquiteto Charles Garnier, que em 1860 foi encarregado por Napoleão III de construir um teatro lírico para mostrar a pompa e opulência do Segundo Império. A sala, com adornos de veludo e dourados, possui um imenso lustre que se espatifou sobre a plateia durante um espetáculo em 1896. O teto foi pintado por Marc Chagall em 1964. A visita inclui a biblioteca e o museu, que exibem partituras, figurinos e cenários.

PLACE VENDÔME

Ao sair da place de l'Opéra, siga pela rue de la Paix, que continua na direção sudeste. Suas joalherias exclusivas justificam a sua fama de "a rua mais cara", tal como se vê na versão francesa do jogo Banco Imobiliário.

No fim da rue de la Paix, fica a elegante **place Vendôme** ⓫. Inicialmente, havia em seu centro a estátua equestre de Luís XIV, erguida em 1699. Destruída durante a Revolução Francesa, foi substituída, por ordem de Napoleão, pela **Colonne de la Grande Armée**, copiada da Coluna de Trajano em Roma e feita com 1.250 canhões capturados dos austríacos e dos russos. Esta, por sua vez, foi arrasada durante a Comuna de 1871, e só mais tarde reconstruída.

A praça conseguiu sobreviver muito bem à Revolução Francesa e às revoltas. Hoje lá estão estabelecidos ricos banqueiros, os principais estilistas de moda, joalheiros caríssimos e o Hôtel Ritz (*ver p. 113*), onde a princesa Diana passou a última noite antes do seu fatal acidente de carro em 1997.

ST.-ROCH

No lado sul da place Vendôme, vire à esquerda para a rue St.-Honoré. Logo à esquerda, no n. 296, fica a antiga igreja barroca de **St.-Roch** ⓬ (tel.: 01 42 44 13 20; diariamente, 8h30-19h; entrada franca). Iniciada nos anos 1650 pelo arquiteto Jacques Lemercier, que também trabalhou no Louvre, abriga os túmulos do paisagista André Le Nôtre, do dramaturgo Corneille e do enciclopedista Diderot. Na parede externa da igreja ainda há marcas de tiros de mosquetes, resultado do encontro de tropas de Napoleão com monarquistas revoltosos em 1795.

COMÉDIE-FRANÇAISE

Siga até a place André-Malraux, onde fica o teatro nacional, a **Comédie-Française** ⓭ (entrada pela place Colette; tel.: 01 44 58 15 15; <www.comedie-francaise.fr>). O repertório é quase todo clássico, com autores como Molière, Racine e Corneille.

PALAIS ROYAL

Do outro lado do teatro, fica o **Palais Royal** ⓮. O pátio principal do palácio, por onde as pessoas entram atravessando as arcadas, contém 250 colunas listradas de branco e preto construídas pelo artista Daniel Buren em 1986. Mais adiante há elegantes jardins (diariamente, do nascer ao pôr do sol; entrada franca) cercados por um peristilo de três andares erguido em 1780 para abrigar cafés, lojas e apartamentos; com esses aluguéis, seus proprietários, da família de Orléans, conseguiram equilibrar suas finanças, após um século de pródigo esbanjamento. As galerias estão passando por uma restauração provocada pela abertura da luxuosa loja do estilista Marc Jacob.

Construído para o cardeal Richelieu, e posteriormente residência onde Luís XIV foi criado, o local passou para as mãos dos duques de Orléans no início do séc. XVIII. Eles o transformaram num antro de jogatina e prostituição, conseguindo proibir a entrada da polícia. Foi um ponto de reuniões durante a Revolução Francesa e, mais tarde, devolvido aos Orléans, que continuaram tão abjetos quanto antes. Dizem que Wellington perdeu tanto dinheiro em seus cassinos que os parisienses alegavam ter recuperado tudo o que haviam pagado como indenizações de guerra. Hoje é um lugar tranquilo onde funcionam o Ministério da Cultura e a Assembleia Constituinte.

Chegamos ao fim do roteiro e você pode tomar o metrô bem perto, ao sul do Palais Royal, ou, se seguir na direção norte, ir ao **Willi's Wine Bar**, ver 🍴⑥, para um aperitivo.

Onde comer 🍴

⑤ LE ROI DU POT-AU-FEU
34, rue Vignon, 9º *arr.*; tel.: 01 47 42 37 10; fecha aos domingos e de 15 de julho a 15 de agosto; €
Bistrô tradicional (imagine toalhas de mesa em xadrez vermelho e branco) especialista do *pot-au-feu*. Outrora um guisado rústico consumido pelo povo do campo, tornou-se uma iguaria entre os *gourmets* parisienses. O melhor prato é o osso com tutano. Há também outros pratos tradicionais da cozinha francesa.

⑥ WILLI'S WINE BAR
13, rue des Petits-Champs, 9º *arr.*; tel.: 01 42 61 05 09, fecha dom.; €€
É irresistível a combinação de produtos frescos do dia com a comida inspirada do *chef* François Yon. Acrescente-se a isso uma vasta carta de vinhos e a localização de primeira, e os preços razoáveis ficam parecendo um milagre.

Galerias com lojas
Ao sair dos jardins da ala norte do Palais Royal, atravesse a estreita rue des Petits-Champs. À esquerda, ficam a Galerie Vivienne (*foto acima*) e a Galerie Colbert, que são passagens cobertas muito bem conservadas, iluminadas por claraboias, com piso de mosaico e luminárias de metal, numa sequência de lojas de objetos raros.

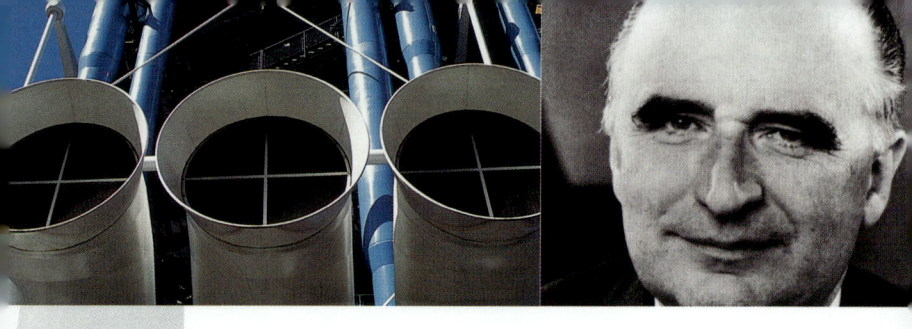

5

BEAUBOURG E LES HALLES

Esta região arquitetonicamente densa é fundamental do ponto de vista histórico, artístico e comercial. No passado, eram seus mercados de alimentos que atraíam multidões; hoje em dia as atrações são: arte moderna, monumentos históricos e sofisticadas lojas de alimentação.

DISTÂNCIA 2,5 km
DURAÇÃO Meio dia
INÍCIO Rue Rambuteau
FIM Rue de Rivoli
OBSERVAÇÕES
Reserve ao menos duas horas para o Centre Pompidou – ou mais, se tiver grande interesse por arte moderna e contemporânea. A visita ao Centre Pompidou, incluindo intervalo para café da manhã e almoço, leva meio dia.

Onde comer

① LE PETIT MARCEL
65, rue Rambuteau, 4º arr.; tel.: 01 48 87 10 20; pagamento só a dinheiro; €€
Nas paredes internas, azulejos *art nouveau* e, no teto, pinturas; na calçada também há mesas e cadeiras. O cardápio oferece o trivial francês – salada, bife, fritas, omelete, torta –, mas tudo bem-feito, barato e saboroso.

Locais de *jazz*
Na rue des Lombards, próximo à igreja de St.-Merri, estão três dos mais famosos clubes de *jazz*: Le Baiser Salé, Le Duc des Lombards e o Sunset/Sunside.

CENTRE POMPIDOU

O **Centre Pompidou** ❶ (rue St.-Martin; tel.: 01 44 78 12 33; <www.centrepompidou.fr>; diariamente, exceto 3as, 11h-21h; a bilheteria fecha às 20h; entrada paga) ou "Beaubourg", como é chamado devido à rua onde se encontra, exibe obras de 1905 em diante, completando o acervo do Musée d'Orsay (*ver p. 39*), cujas obras vão até 1905.

A arquitetura

Com projeto dos arquitetos Renzo Piano e Richard Rogers, o prédio foi terminado em 1977. O museu é agora tão popular (há anos em que recebe mais visitantes do que o Louvre) que fica difícil entender as primeiras críticas feitas à sua arquitetura, que parece estar do avesso (tubos azuis destinados ao ar-condicionado, verdes à canalização de água, vermelhos às vias de circulação e amarelos aos circuitos elétricos). A severa ação do tempo e da corrosão exigiu uma grande reforma no fim dos anos 1990.

Entrada e serviços

Na entrada do andar térreo, existe um amplo espaço para os cartazes referentes aos eventos e exposições do Centre. Quase sempre também há,

Comece pela rue Rambuteau e, depois de um bom café no **Le Petit Marcel**, ver ❶, vá à esplanada defronte da entrada do Centre Pompidou, onde uma parte serve de palco para engolidores de fogo, mímicos, músicos e cabeleireiros afros.

nesse espaço, uma exposição gratuita; no mezanino existem correio, internet café e loja com trabalhos de *designers* contemporâneos. No primeiro andar, há uma biblioteca pública e um cinema.

Exposição permanente
Uma seleção do acervo de 60 mil obras encontra-se no quarto e no quinto andares. Algumas em exposição permanente. Obras datadas de 1905 aos anos 1960 encontram-se no quinto andar, com artistas como Kandinsky, Klee, Klein, Matisse, Picasso e Pollock, além de seções do dadaísmo e do surrealismo. As obras a partir de 1960 encontram-se no quarto andar e incluem Andy Warhol, Verner Panton, Joseph Beuys, Jean Dubuffet e Anselm Kiefer.

Estúdio Brancusi e IRCAM
Num prédio em frente ao Centre Pompidou, fica o estúdio (4ª-2ª, 14h-18h; entrada incluída no ingresso principal) do escultor romeno Constantin Brancusi (1876-1957). O artista morou nesse estúdio durante 30 anos e legou-o ao Estado francês ao morrer. Foi instalado aqui do jeito que ele o deixou.

Perto do Centre Pompidou e como parte da mesma organização, fica o Instituto de Pesquisa e Coordenação de Acústica e de Música (IRCAM), na place Igor-Stravinsky. Este conceituado centro, criado pelo compositor Pierre Boulez, apresenta concertos de música de vanguarda.

ST.-MERRI

Depois da Fonte Stravinsky (*ver à direita*), no lado sul da praça, está a igreja gótica de **St.-Merri** ❷ (tel.: 01 42 71 93 93; <www.saintmerri.org>; 2ª-sáb., 15h-19h; entrada franca). A maior parte dela data do séc. XVI, mas seu sino soa desde 1331, o que o torna o mais velho de Paris. O compositor Camille Saint-Saëns tocou no órgão dessa igreja.

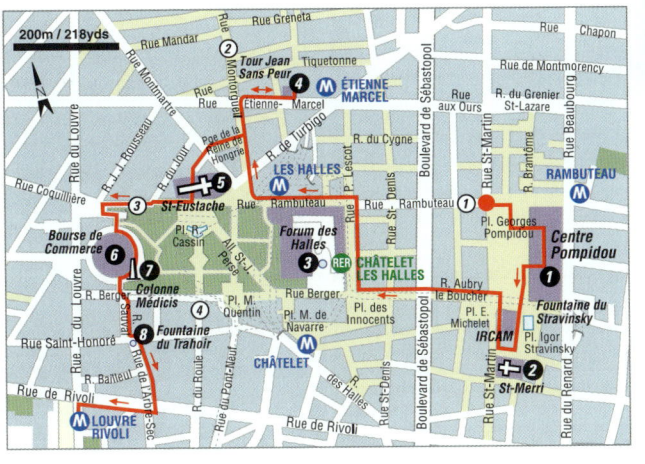

Acima, a partir da esquerda: os tubos do Centre Pompidou; Georges Pompidou; Les Halles; loja de livros e discos, uma das redes de lojas na principal rua da área.

Fonte Stravinsky
Entre o Centre Pompidou e a igreja de St.-Merri, encontra-se uma fonte muito colorida, com criaturas grotescas e jatos de água. Foi criada pelos artistas Niki de Saint-Phalle e Jean Tinguely em homenagem a Igor Stravinsky, compositor do balé *Pássaro de fogo*.

Escargots dourados
Entre as padarias, peixarias e verdureiros da rue Montorgueil, procure o restaurante L'Escargot, no n. 38, com lindos *escargots* dourados na sua tabuleta (*ver acima*) e o teto pintado (proveniente da mansão da atriz Sarah Bernhardt) no vestíbulo.

Acima: peixe fresco e abóbora no mercado da rue Montorgueil e a excelente loja de utensílios de cozinha E. Dehillerin.

A ÁREA DE PROSTITUIÇÃO

Ao sair da igreja na rue St.-Martin, vire à direita, suba em direção ao Centre Pompidou e vire à esquerda na rue Aubry le Boucher. Siga sempre em frente, atravesse o movimentado boulevard de Sébastopol e continue até a rue Berger. Na esquina com a rue St.-Denis, repare bem no que aí se vê: é o principal reduto de prostituição da cidade. Parece uma região bem sossegada, mas as coisas tomam outro ar quando anoitece.

LES HALLES

Pela rue Berger, chega-se à place Joachim-du-Bellay. A Fontaine des Innocents, fonte da Renascença que fica ao centro, foi trazida das proximidades do Cimetière des Innocents, demolido em 1786, depois que ratos carnívoros começaram a invadir as residências.

Ao seguir pela rue Pierre Lescot à direita, chega-se a **Les Halles** ❸. É o nome do mercado coberto que foi fundado pelo rei Filipe Augusto em 1183. Nos anos 1850, foram construídos enormes e belos pavilhões de ferro e vidro, que Émile Zola descreveu em seu romance *Le ventre de Paris* [*O Ventre de Paris*] (1873). Lamentavelmente, em 1971 a estrutura foi demolida em nome da segurança e da modernização urbana, e o tradicional mercado foi transferido para a periferia, em Rungis. Hoje em dia, há no local um não muito apreciado *shopping center* de vários pisos que vai passar por uma reforma.

TOUR JEAN-SANS-PEUR

Depois de passar por Les Halles, vire à esquerda até a rue Rambuteau e em seguida à direita até a rue Montorgueil. No cruzamento da rue Étienne-Marcel com a rue Montorgueil, vire à direita e veja a **Tour Jean-sans-Peur** ❹ (20, rue Étienne-Marcel; tel.: 01 40 26 20 28; <www.jeanspeur.com>; no período escolar: 4ª, sáb.-dom., 13h30-18h, nas férias escolares: 3ª-dom., 13h30-18h; visita às 14h; entrada paga), uma torre-mansão construída entre 1409 e 1411, por Jean, duque de Burgundy.

O duque ganhou o apelido de João, o Destemido, graças a seus feitos militares contra os turcos na Bulgária. Ao voltar a Paris, assassinou seu rival Luís d'Orléans e provocou a Guerra dos Cem Anos entre as facções Armagnac e Borgonha (*ver p. 52*). Jean fugiu, mas retornou dois anos depois e, para garantir a própria segurança, acrescentou a torre à sua mansão. Acabou assassinado por um golpe de machado na cabeça, num encontro com o futuro rei Carlos VII.

ST.-EUSTACHE

Ao retornar descendo a rue Montorgueil e talvez com uma parada no **Stohrer**, ver ⑪②, pegue a estreita passagem de la Reine de Hongrie à direita e siga até o Impasse St.-Eustache, que leva à igreja de **St.-Eustache** ❺ (rue du Jour; tel.: 01 40 26 47 99; <www.st-eustache.org>; diariamente, 9h-19h30, entrada franca). Construída entre 1532 e 1640, tem fachada gótica e lindo interior renascentista. Seu órgão de 8 mil tubos é muito famoso: Berlioz e Liszt

48 BEAUBOURG E LES HALLES • MAPA NA P. 47

lá tocaram no séc. XIX, e atualmente há recitais nos domingos às 17h30.

Ao redor da place René-Cassin
Saindo da igreja pelo lado sul, encontra-se a place René-Cassin com a escultura maciça, obra de Henri de Miller, de uma cabeça gigante e uma mão em concha, intitulada *Écoute*. Siga a oeste pela rue Coquillière. Há uma curiosidade à direita: a loja **E. Dehillerin**, que fornece caçarolas e frigideiras para os *chefs* parisienses. Aqui também fica a famosa *brasserie* **Au Pied de Cochon**, ver 🍴③.

BOURSE DU COMMERCE

A rotunda à esquerda é a **Bourse du Commerce** ❻ (2, rue de Viarmes; tel.: 01 55 65 78 41; 2ª-6ª, 9h-18h; acesso livre ao saguão principal; visitas guiadas e entrada paga para quem tenha feito reserva). A Bourse foi construída em 1767 no local do palácio de Marie de Médicis e funcionou como mercado municipal de cereais. Hoje abriga a Câmara de Comércio.

O primeiro domo de madeira foi substituído por uma estrutura de ferro em 1809, antes de ser recoberto de cobre e, depois, de vidro. Contém afrescos que evocam a história do intercâmbio comercial entre os continentes.

COLUNA DO ASTRÓLOGO

Ao sair da Bourse, vire à esquerda e vá na direção dos fundos, até encontrar a **Colonne Médicis** ❼. A placa no pedestal indica que é a única peça remanescente da mansão construída em 1572 por Catarina de Médicis (esposa de Henrique II). Na mansão havia uma torre de 31 m de altura erguida para o astrólogo da soberana, Cosimo Ruggieri, que subia com ela pela escada interna em espiral a fim de ler seu futuro nas estrelas. Do topo de vidro, só restou a armação de metal. Infelizmente não é permitida a entrada.

FONTAINE DU TRAHOIR

Se almoçar ou jantar tornar-se prioridade urgente, vá ao **La Tour de Montlhéry**, ali perto, ver 🍴④. Caso contrário, desça a rue Sauval, vire à esquerda na rue St.-Honoré e depois à direita para pegar a rue de l'Arbre-Sec. Na esquina, fica a **Fontaine du Trahoir** ❽, uma fonte reconstruída por Soufflot em 1776 que imita, na pedra, gotas de água congeladas. Siga até a rue de Rivoli e vire à direita para chegar à estação de metrô Louvre-Rivoli.

Acima, a partir da esquerda:
escargot da rue Montorgueil; Bourse du Commerce; La Galcante (*ver abaixo*); *Écoute* na place René-Cassin.

La Galcante
No n. 52 da rue de l'Arbre-Sec fica o Hôtel de Truden, construído em 1717 para um rico comerciante de vinhos. No pátio, encontra-se La Galcante, que vende jornais, revistas e outras publicações históricas de vida efêmera.

Onde comer

② STOHRER
51, rue Montorgueil, 2º *arr.*; tel.: 01 42 33 38 20; €€
Fundado em 1730, este café e *pâtisserie* é o lugar onde o babá ao rum foi inventado. Serve lanches simples.

③ AU PIED DE COCHON
6, rue Coquillière, 1º *arr.*; tel.: 01 40 13 77 00; €€€
Nos áureos tempos, esta *brasserie* noturna atendia os trabalhadores do mercado; hoje tem muito mais prestígio. Mas a especialidade da casa continua a mesma: pé de porco grelhado com molho *béarnaise*. Outras boas sugestões são as ostras e a sopa de cebola (boa para curar ressaca).

④ LA TOUR DE MONTLHÉRY
5, rue des Prouvaires, 1º *arr.*; tel.: 01 42 36 21 82; aberto até 5h30; €€€
Também conhecido como Chez Denise, serve a genuína cozinha francesa em porções generosas, num ambiente aconchegante.

LES HALLES

6 MARAIS E BASTILHA

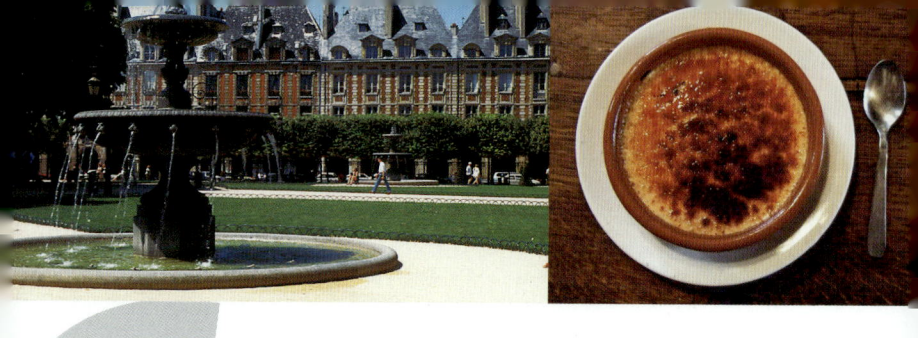

Entre as mais animadas regiões da cidade, o Marais e a Bastilha são uma improvável, porém bem-sucedida, mistura de ingredientes: mansões aristocráticas, ambiente gay, o bairro da comunidade judaica e uma agitada vida noturna.

DISTÂNCIA 3 km
DURAÇÃO Um dia inteiro
INÍCIO Hôtel de Ville
FIM Place de la Bastille
OBSERVAÇÕES
Há muito chão a percorrer neste roteiro, e não se pretende que você visite todos os museus. Mas é possível combinar o passeio pelas ruas históricas com algumas compras, o almoço, uma visita a um museu e, por último, pausa para descanso num parque ou num café.

A área referida na primeira parte deste roteiro foi outrora um pântano – *marais*, em francês. Drenada no séc. XVI, desenvolveu-se como área residencial da aristocracia, até que, com o surgimento de Versalhes, caiu no esquecimento. Desprezada pelo urbanista barão Haussmann no séc. XIX, entrou em decadência até que, nos anos 1960, foi abandonada e infestada por ratos. Prestes a ser demolida, foi salva pelo ministro da Cultura André Malraux, que tombou como patrimônio histórico muitos prédios e iniciou a restauração. Hoje é uma região ele-

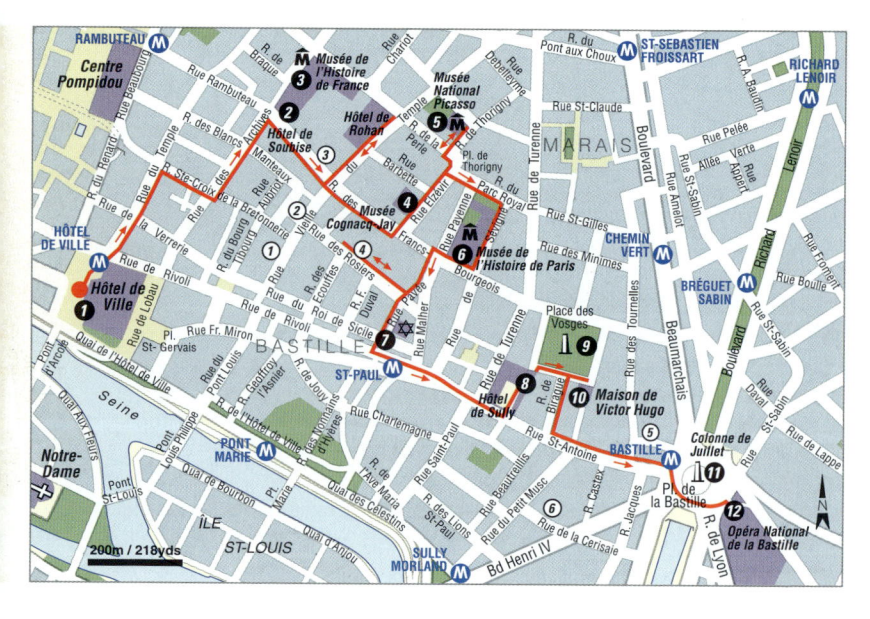

50 MARAIS E BASTILHA

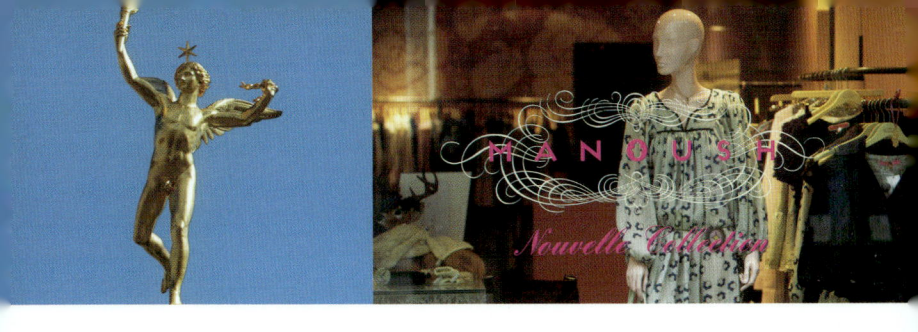

gante cheia de butiques, galerias, cafés e restaurantes.

HÔTEL DE VILLE

Comece pelo **Hôtel de Ville** ❶ (29, rue de Rivoli; tel.: 01 42 76 43 43; <www.paris.fr>; 2ª-sáb., 10h-19h; entrada franca), o qual desde 1357 é a sede do governo da capital. A atual construção é uma recriação da estrutura original, encomendada por Francisco I em 1533 e devastada pelo fogo durante a Comuna de Paris em 1871.

Foi o cenário de muitos acontecimentos históricos, como a proclamação da Terceira República em 1870 e o famoso discurso de Charles de Gaulle para a multidão reunida em 25 de agosto de 1944, na Libertação de Paris.

No interior, destacam-se a luxuosa Salle des Fêtes (salão de festas), a suntuosa escadaria e os numerosos e magníficos candelabros. Na ala norte, na rue de Rivoli, fica a entrada para uma área de exposição com informações sobre a cidade.

O MARAIS

Dirija-se ao norte a partir da ampla praça em frente ao Hôtel de Ville, onde, na Idade Média, ocorreram horríveis enforcamentos e execuções. Atravesse a movimentada rue de Rivoli, caminhe até a rue du Temple e vire à direita na rue Ste.-Croix-de-la-Bretonnerie, onde se concentra a população *gay*. Saia à esquerda para a rue des Archives e depois continue até chegar à rue des Francs-Bourgeois.

Hôtel de Soubise e Hôtel de Rohan
No n. 60, no **Hôtel de Soubise** ❷, estão os Arquivos Nacionais da França, iniciados por Napoleão em 1808, com documentos desde os merovíngios até 1958. Napoleão III mais tarde inaugurou o **Musée de l'Histoire de France** ❸ (tel.: 01 40 27 62 18; <www.archivesnationales.culture.gouv.fr>; 2ªs e 4ª-6ª, 10h-17h45; sáb.-dom., 13h45-17h45; entrada paga) no **Hôtel de Rohan**, próximo à esquina da rue Vieille-du-Temple, n. 87, onde estão expostos os mais valiosos documentos.

Mesmo que não seja por isso, vale a pena visitar esses magníficos edifícios, residência da família Guise a partir de 1553; provavelmente foi aí que a Liga Católica planejou o Massacre do dia de São Bartolomeu. Em 1700, o duque de Rohan, príncipe de Soubise, comprou a propriedade e mandou rede-

Acima, a partir da esquerda:
place des Vosges; *crème-brûlée* no Georget; *Génie de la Bastille*; butique em Manoush.

Penhores
Na calçada em frente dos Arquivos Nacionais, oculto por uma fachada austera, encontra-se o Crédit Municipal, a casa de penhores do governo. Apelidado *ma tante* [minha tia], o recurso a esse empréstimo foi inaugurado em 1777, e até hoje é possível obter uma quantia sobre o valor dos objetos lá deixados.

Abaixo: as arcadas da place des Vosges.

Compras aos domingos

O Marais é uma das poucas áreas de Paris onde há muitas lojas abertas no domingo, o dia da semana mais movimentado e cheio de gente.

O local do crime

Saindo da rue des Francs-Bourgeois, em frente à rue des Hospitalières St.-Gervais, fica o Impasse Arbalétriers. Nesse local, em 1407, o irmão de Carlos VI, Luís d'Orléans, foi assassinado por ordem de Jean-sans-Peur (ver p. 48), o que deflagrou a Guerra dos Cem Anos. A passagem, hoje uma rua sem saída, levava outrora a um campo onde besteiros costumavam se exercitar, daí o nome *Arbalétriers*.

corá-la, em estilo rococó, por Boucher, Lemoine e Van Loo.

Opções para almoço e compras

Na rue Vieille-du-Temple, há boas opções para almoço, entre as quais **Le Petit Fer à Cheval**, ver 🍴①, e **Georget**, ver 🍴②. De volta à rue des Francs-Bourgeois, você encontra butiques de *designers* e cafés, em particular **Le Dôme du Marais**, ver 🍴③. Uma vez satisfeito, siga um pouco mais, até a rue Elzévir, à esquerda.

Musée Cognacq-Jay

A fachada da mansão dos anos 1580, na rue Elzévir n. 8, não aparenta abrigar a extraordinária coleção de arte de Ernest Cognacq, fundador da loja de departamentos La Samaritaine em 1870, e de sua esposa Marie-Louise Jay, no **Musée Cognacq-Jay** ❹ (tel.: 01 40 27 07 21; <www.paris.fr/musees>; 3ª-dom., 10h-17h40; entrada franca).

Aqui, o requinte do século XVIII está encarnado no estilo dos salões e gabinetes de uma residência. Nas paredes forradas de painéis, encontram-se pinturas e desenhos de Chardin, Nattier, Fragonard, Watteau, Reynolds, Guardi e Canaletto. Expostas em delicado mobiliário e em lindos gabinetes, encontram-se figuras de porcelana Meissen do mestre modelador J. J. Kändler.

Musée National Picasso

No alto da rue Elzévir, encontra-se a minúscula place de Thorigny e, logo depois, no n. 5 da rue de Thorigny, o **Musée National Picasso** ❺ (tel.: 01 42 71 25 21; <www.musee-picasso.fr>; 5ª-3ª, 9h30-18h, fecha às 17h30 no inverno; entrada paga). Está situado no Hôtel Salé, assim chamado porque o seu proprietário enriqueceu no séc. XVII cobrando impostos sobre o sal.

No interior, a decoração esmerada é um complemento perfeito para as

---

Onde comer 🍴

① LE PETIT FER À CHEVAL

30, rue Vieille-du-Temple, 4º *arr.*; tel.: 01 42 72 47 47; diariamente, até 2h; €€

Espremido porém divertido café-bistrô, com um bar, logo na entrada, em forma de ferradura e, nos fundos, um pequeno ambiente reservado para jantar, onde os assentos são velhos bancos de metrô. Um exemplar indicado para quem busca descontração.

② GEORGET

64, rue Vieille-du-Temple, 3º *arr.*; tel.: 01 42 78 55 89; 2ª-6ª, almoço e jantar; sáb., só jantar; €€

Também conhecido como Robert et Louise, este acolhedor restaurante e sua possante fornalha fazem a alegria dos apreciadores de carne: morcela magnífica (acompanhada por uma única folha de alface), bife servido em tábua de madeira e um farto e saboroso ensopado de carne.

③ LE DÔME DU MARAIS

53 bis, rue des Francs-Bourgeois, 4º *arr.*; tel.: 01 42 74 54 17; fecha dom. e 2ª; €€€

Restaurante bem arejado, situado num grandioso cenário (outrora a casa de leilões dos penhores nacionais). Pratos maravilhosamente preparados em estilo moderno.

④ L'AS DU FALAFEL

34, rue des Rosiers, 4º *arr.*; tel.: 01 48 87 63 60; fecha sáb.; €

O lugar do falafel. Experimente o sanduíche (vegetariano) especial: bolinhos de grão-de-bico com alho, tahine, berinjela frita, repolho roxo, pepino e harissa. *Chawarmas* [espécie de sanduíche] de carneiro também são recomendados. Ambiente agitado e divertido. Há também pratos para viagem.

obras de arte. Os candelabros, bancos e cadeiras foram desenhados por um amigo de Picasso, o escultor Alberto Giacometti. As telas e outras obras de arte foram doadas ao governo após a morte do artista e estão organizadas cronologicamente. Nem todas são de Picasso: sua coleção particular inclui quadros de Cézanne, Matisse (seu grande rival), Modigliani e Braque.

Ao fim da visita, retorne à place de Thorigny, vire à esquerda na rue du Parc-Royal e pegue a segunda travessa à direita, a rue de Sévigné, onde fica o próximo museu.

Hôtel Carnavalet

O Musée de l'Histoire de Paris ❻ (Hôtel Carnavalet, 23, rue de Sévigné; tel.: 01 44 59 58 58; <www.carnavalet.paris.fr>; 3ª-dom., 10h-18h; entrada paga) é o museu histórico da cidade, instalado em duas mansões vizinhas dos séc. XVI e XVII. Em mais de cem aposentos ele conta a história de Paris desde os tempos romanos até o presente, através de pinturas, objetos, papéis e interiores históricos.

O museu data de 1866, quando o barão Haussmann convenceu a prefeitura a comprar o mobiliário de mansões aristocráticas que seriam demolidas para dar lugar a novos bulevares. Esses objetos foram levados para o Hôtel Carnavalet, um dos primeiros prédios renascentistas de Paris que, de 1677 a 1696, serviu de residência a madame de Sévigné, cujos escritos revelam muito dos costumes da aristocracia no séc. XVII.

Entre os objetos expostos estão a roca que Maria Antonieta usou na prisão, bem como os soldadinhos de chumbo de seu filho (salas 105-106); as correntes usadas por um dos últimos prisioneiros da Bastilha (sala 102); telas de prostitutas aliciando fregueses nas galerias do Palais Royal (sala 117); a decoração *art nouveau* do Salon du Café de Paris e uma joalheria da rue Royale (salas 141-142); e o quarto de Proust, revestido com cortiça, no qual ele escreveu grande parte de sua obra-prima em sete volumes *À la recherche du temps perdu* [*Em busca do tempo perdido*] (sala 147).

Reduto judeu

Ao sair do Carnavalet, atravesse, e pegue a rue Pavée para chegar ao reduto judeu. À direita, na rue des Rosiers, existem vários restaurantes e

Acima, a partir da esquerda: leitura para o público *gay* do Marais; quipá judaico; privacidade e o tradicional tecido xadrez vermelho e branco no Georget; Hôtel Carnavalet.

Abaixo: retrato de madame de Sévigné.

MUSÉE CARNAVALET 53

Hammam
Para um tratamento moderno e completo no tradicional *hammam* [banho de vapor], com sauna, massagem e tratamento facial, experimente Les Bains du Marais na rue des Blancs-Manteaux, n. 31-33 (tel.: 01 44 61 02 02). Lá também funciona um restaurante-café.

Outros tempos
Um exemplo de como as coisas mudaram nas proximidades da Bastilha é o n. 17 da rue de la Roquette, ao lado da rue St.-Sabin. O café La Rotonde, atual ponto de encontro para quem é jovem e moderno, já foi um bordel cujo proprietário morreu alvejado por um acordeonista cego.

padarias de origem judaica, entre os quais o excelente **L'As du Fallafel**, ver ⑪④, fruto, como muitos, da imigração sefardita no momento da retirada da França da África do Norte. Outro café dessa rua, o Jo Goldenberg's, no n. 7, ainda guarda as marcas de um ataque terrorista nos anos 1980.

Na rue Pavée n. 10, fica a extraordinária **Synagogue** ⑦ (tel.: 01 48 87 21 54; visitas só com hora marcada; entrada franca). A bela arquitetura da fachada é em estilo *art nouveau* de 1913, por Hector Guimard, que também projetou a decoração interna. O prédio foi seriamente danificado por uma bomba (junto com outras seis sinagogas parisienses) durante demonstrações antissemitas na noite do Yom Kippur de 1941. Foi restaurada e é agora monumento nacional.

Onde comer 🍴

⑤ BOFINGER
5-7, rue de la Bastille, 4º arr.; tel.: 01 42 72 87 82; diariamente, 12h-24h; €€€
A mais antiga *brasserie* de Paris, que serviu o primeiro chope da cidade em 1864, quando a filoxera atacou os vinhedos franceses. Espetacular interior *belle époque*: porta giratória, teto com domo de vidro, langorosos bancos de couro e, no andar de cima, afrescos de *kugelhof* e *pretzels*. O cardápio oferece vários tipos de chucrute, frutos do mar, pé de porco e Paris-Brest. Bons vinhos, muitos deles vendidos em taças.

⑥ LE TEMPS DES CERISES
31, rue de La Cerisaie, 4º arr.; tel.: 01 42 72 08 63; 2ª-6ª, apenas para almoço, fecha em ago.; nenhum cartão de crédito; €
Recusa às injunções da moda e do mercantilismo. Pratos franceses simples e saborosos.

Siga pela rue Pavée e vire à esquerda até a rue de Rivoli, que depois se torna rue St.-Antoine.

Hôtel de Sully
No n. 62, entre pelas majestosas portas de madeira do **Hôtel de Sully** ⑧ (tel.: 01 42 74 47 75; <www.jeudepaume.org>; 3ª-6ª, 12h-19h, sáb.-dom., 10h-18h; entrada paga). Esta impressionante mansão do séc. XVII, construída segundo projeto do arquiteto Jean Androuet du Cerceau em 1625 e comprada em 1635 por Sully (ministro das Finanças de Henrique IV), é um esplêndido local alternativo para as exposições temporárias montadas pelo Centre National de la Photographie (ver p. 35).

Atravesse o pátio calçado de pedras, com jardins originais. Voltaire foi espancado aqui a porretadas pelos seguidores do conde de Rohan após uma discussão violenta e grosseira que os dois tiveram na Comédie-Française (ver p. 45).

Place des Vosges
Um portal no canto mais afastado permite sair para a **place des Vosges** ⑨. Construída entre 1605 e 1612 por Henrique IV, esta ampla e elegante praça foi no início denominada place Royale, mas seu nome foi mudado em homenagem ao primeiro *département* (província) francês que pagou as taxas de guerra ao governo republicano. Entre seus moradores famosos do passado, destacam-se madame de Sévigné, escritora e grande anfitriã, no n. 1 bis (nascida aqui em 1626), o poeta Théophile Gautier e o escritor Alphonse Daudet, no n. 8, e o cardeal Richelieu, no n. 21.

Maison de Victor Hugo

Situada na esquina sudeste da praça, no n. 6, fica a **Maison de Victor Hugo** ⓘ (tel.: 01 42 72 10 16; <www.paris.org>; 3ª-sáb., 10h-17h40; entrada franca), primitiva residência do autor de *Les Misérables* e de *Notre-Dame de Paris*. Vítor Hugo viveu aqui de 1832 a 1848, quando o golpe de Estado de Napoleão III o forçou, como leal republicano que era, a 20 anos de exílio em Guernsey. Pode-se visitar os aposentos, alguns mobiliados com peças feitas por ele – era um hábil, embora excêntrico, carpinteiro –, bem como uma série de seus desenhos e primeiras edições.

BASTILHA

Ao sair da place des Vosges e do Marais, desça a rue de Birague e vire à esquerda na rue St.-Antoine. Ao chegar à place de la Bastille, o **Bofinger**, ver 🍴⑤, majestoso restaurante para almoço ou jantar, está à esquerda na rue de la Bastille. À direita, descendo a rue du Petit-Musc, está a rue de la Cerisaie, onde antigamente floresciam mil cerejeiras. Agora é o local do modesto, porém charmoso, **Le Temps des Cerises**, ver 🍴⑥.

Place de la Bastille

A imensa **place de la Bastille** ⓫ tem o nome da famigerada prisão atacada pelo povo revoltado em 14 de julho de 1789. No momento do ataque, lá havia apenas sete prisioneiros, porém os rebeldes conseguiram um valioso estoque de armas e pólvora. Uma agência do Banque de France agora ocupa o local.

No centro da praça, encontra-se a **Colonne de Juillet**, que foi erigida no séc. XIX em homenagem às vítimas das revoluções de 1830 e 1848. O *Génie de la Bastille*, estátua dourada que fica no topo, representa a Liberdade.

Opéra National de la Bastille

No lado sudeste fica a **Opéra National de la Bastille** ⓬ (120, rue de Lyon; tel.: 01 40 01 19 70; <www.operadeparis.fr>; visitas pagas). Como um dos *grands projets* de Mitterrand (ver p. 30), foi construído em 1989 segundo o projeto do uruguaio, naturalizado canadense, Carlos Ott. Tem sido muito criticada devido a seus problemas de acústica, alto custo e má qualidade arquitetônica. Já foram colocadas redes para impedir que suas placas de granito caiam.

Acima, a partir da esquerda: pintura reproduzindo a Paris medieval; placa de rua do bairro; busto de Vítor Hugo na antiga casa do escritor; vista da place de la Bastille, com a Opéra National de la Bastille, de Carlos Ott, ao fundo.

O leste elegante

Ao seguir a rue St.-Sabin, saindo da place de la Bastille e virando à direita para a rue de Lappe, encontra-se uma série de bares e clubes noturnos, reflexo da elegância da área, que se expandiu nos anos 1990 e chegou ao apogeu. Outra prova de seu interesse artístico é a vizinhança das galerias contemporâneas. No final da rue de Lappe, vire à esquerda até a rue de Charonne, onde Lavignes Bastille, no n. 27, é uma das mais famosas galerias do bairro (Andy Warhol expôs aqui). Se seu interesse for a arte contemporânea, outras galerias podem ser encontradas mais adiante, à esquerda, na rue Keller.

PLACE DE LA BASTILLE 55

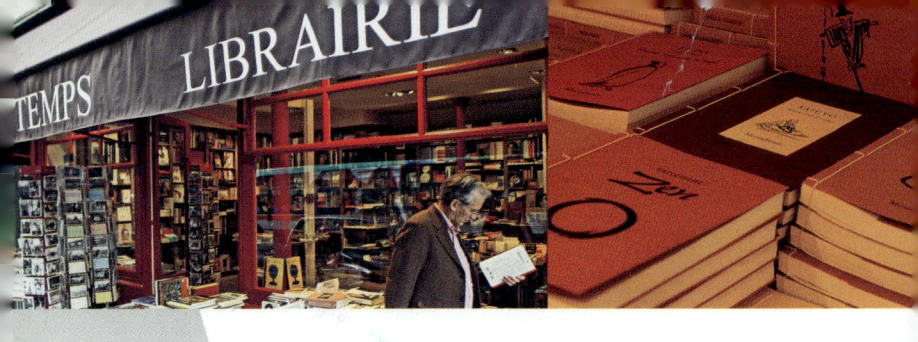

O QUARTIER LATIN

Esta área universitária leva você das ruínas romanas às universidades medievais, aos ensinamentos do Iluminismo e às revoltas dos estudantes de 1968. Tradição que permanece até hoje, com universitários e professores fumando do lado de fora das bibliotecas, frequentando os cafés e folheando livros nas livrarias.

DISTÂNCIA 3 km
DURAÇÃO Um dia inteiro
INÍCIO Jardin des Plantes
FIM Place St.-Michel
OBSERVAÇÕES
A primeira parte do roteiro agrada muito às crianças, que se divertem com as atrações do Jardin des Plantes.

Velhas árvores
O Jardin des Plantes possui muitas árvores plantadas no início do séc. XVIII, entre elas um bordo cretense, de 1702, e um cedro, de 1734, que o botânico Bernard de Jussieu trouxe do Líbano no próprio chapéu, porque havia quebrado o vaso.

O roteiro começa na rua defronte da Gare d'Austerlitz, na place Valhubert, na entrada do **Jardin des Plantes** ❶ (tel.: 01 40 79 56 01; <www.mnhn.fr>; diariamente, 7h30-18h; entrada franca).

JARDIN DES PLANTES

Criado pelo médico de Luís XIII em 1626 para fornecer ervas medicinais, o "Jardin du Roi" foi aberto ao público em 1640. Nos anos 1700, foram anexados um labirinto, um anfiteatro e vários museus. Ao entrar, à esquerda, fica o primeiro desses museus, o de paleontologia e anatomia comparada, a **Galerie de Paléontologie et d'Anatomie Comparée** (tel.: 01 40 79 56 01; diariamente, 10h-17h; entrada paga), com fósseis, esqueletos e conchas. Do lado de fora, há réplicas enormes de dinossauros e um magnífico estegossauro.

Museu de Mineralogia e Geologia
Vá até a estátua do zoólogo Jean-Baptiste Lamarck (1744-1829) e, de lá, siga pela vereda de plátanos até a estátua de um ilustre ex-jardineiro, Georges-Louis Leclerc, conde de Buffon (1707-88), no outro extremo. No caminho, você passa pelo jardim de rosas em frente ao **Musée de Minéralogie et de Géologie** (tel.: 01 40 79 56 01; diariamente, 10h-17h; entrada paga), que tem meteoritos, minerais, gemas e cristais gigantes.

O Zoológico
No interior dos jardins, no lado oposto, fica a **Ménagerie** (tel.: 01 40 79 37 94; diariamente, 9h-17h30; entrada paga). Este zoológico, fundado durante a Revolução Francesa com espécimes das coleções do rei e da aristocracia, tem hoje cerca de 240 mamíferos, 500 pássaros e 130 répteis.

No fim da alameda, atrás da estátua de Buffon, fica a **Grande Galerie de l'Évolution** (tel.: 01 40 79 54 79;

Onde comer

❶ **MOSQUÉE DE PARIS**
39, rue Geoffroy-St.-Hilaire, 5º *arr.*;
tel.: 01 45 35 97 33; €
No interior da mesquita, um belo salão de chá mourisco com azulejos e terraço à sombra.

<www.mnhn.fr>; diariamente, 10h-18h; entrada paga), inaugurada em 1889 para expor parte da coleção de 7 milhões de esqueletos, insetos, pássaros e mamíferos empalhados. A maioria encontra-se num centro de pesquisa subterrâneo, mas o espaço para exposições, recentemente reformado, exibe cerca de 7 mil espécimes selecionados, inclusive de 257 espécies em risco ou em extinção.

MOSQUÉE DE PARIS

Saindo dos jardins pelo portão da rue Geoffroy-St.-Hilaire, atravesse em direção à esquina da rue Daubenton e da **Mosquée de Paris** ❷ (Mesquita de Paris; 2, place du Puits-de-l'Ermite; tel.: 01 45 35 97 33; <www.mosquee-de-paris.net>; diariamente, 9h-12h e 14h-18h; entrada paga). Este complexo em estilo hispano-mourisco foi construído em 1922 para comemorar a participação da África do Norte na Primeira Guerra Mundial. Compreende um museu de arte muçulmana, lindo salão de chá, ver 🍽①, e banho turco.

ARÈNES DE LUTÈCE

Ao sair do salão de chá, vire à esquerda e continue na direção norte pela rue Geoffroy-St.-Hilaire. Siga direto até o cruzamento, quando a rua passa a se chamar Linné. Vire à esquerda até a rue des Arènes. À direita fica a entrada das **Arènes de Lutèce** ❸ (diariamente, 8h-17h30 e até 22h no verão; entrada franca). Este anfiteatro romano foi descoberto nos anos 1860, durante a construção da vizinha rue Monge. Era lá que os antigos gladiadores lutavam diante de um público de 15 mil pessoas; hoje, senhores respeitáveis jogam bocha.

RUE MOUFFETARD

Ao sair, vire à direita e suba alguns degraus até a rue Rollin. No final dessa rua, vire à esquerda para a rue du Car-

Acima, a partir da esquerda:
uma das muitas livrarias da Rive Gauche; pilhas de livros; boas-vindas ao Le Mauzac; estegossauro no Jardin des Plantes.

Mercado do Cavalo Velho
Em 1900, havia mais de 80 mil cavalos em Paris, e o principal mercado de muares ficava na extremidade sul da rue Geoffroy-St.-Hilaire. Hoje só resta, no n. 5, o excelente edifício Luís XV, onde os responsáveis do mercado tinham sua sede, e os elegantes escritórios nos nn. 11-13. Um dístico na fachada dos escritórios anuncia: "Negociantes de puros-sangues, pôneis de todos os tipos e cavalos de tiro".

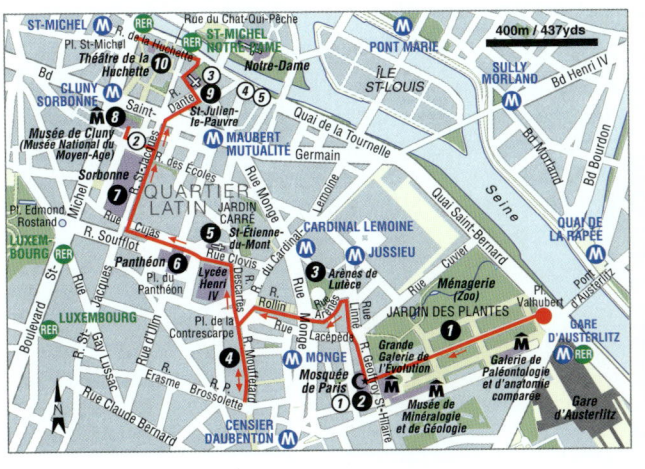

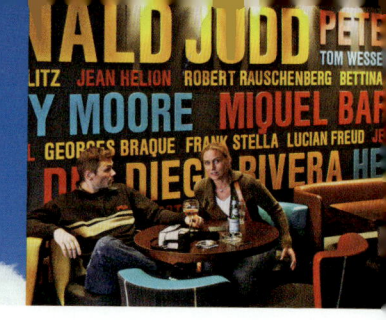

Outras atrações do Panthéon
Além dos túmulos, destacam-se uma réplica de 67 m do pêndulo de Foucault (um experimento para explicar a rotação da Terra) e afrescos de Puvis de Chavannes sobre a vida de santa Genoveva.

dinal-Lemoine (Ernest Hemingway morou nesta rua, no 3º andar do n. 74). Logo surge a **place de la Contrescarpe**, com seus agradáveis cafés. Nos anos 1530, Rabelais, Ronsard e du Bellay costumavam encontrar-se no Cabaret de la Pomme de Pin, no nº 1.

No outro extremo da praça, fica a **rue Mouffetard ❹**, antiga rua romana, famosa por seu mercado de alimentos (3ª-sáb., o dia todo, e dom. pela manhã). Esta rua, hoje tão cobiçada, já fez parte de um bairro operário; à direita, fica a rue du Pot-de-Fer, onde o escritor George Orwell morou no n. 6 enquanto fazia pesquisas para o seu *Down and Out in Paris and London* [*Na pior em Paris e em Londres*].

EM DIREÇÃO AO PANTHÉON

Volte para a place de la Contrescarpe e continue na rue Descartes até o coração do Quartier Latin, assim chamado porque, na Idade Média, se falava muito latim naquele reduto universitário. Entre à esquerda na rue Clovis e veja, à esquerda, o **Lycée Henri IV**, uma das melhores escolas secundárias da elite francesa, e, à direita, a igreja de **St.-Étienne-du-Mont ❺** (place Ste.-Geneviève; tel.: 01 43 54 11 79; 3ª-dom., 10h-19h; entrada franca). Nesta igreja, encontra-se a única grade separando o púlpito renascentista (1541) de Paris.

O Panthéon

Chegando à grande place du Panthéon, surge o neoclássico **Panthéon ❻** (tel.: 01 44 32 18 00; <www.monuments-nationaux.fr>; diariamente, 10h-18h15; entrada paga). Foi projetado por Soufflot como igreja dedicada a santa Genoveva, a pedido de Luís XV, em agradecimento pela cura de uma doença. Após a Revolução Francesa, foi transformado em Templo da Razão e local de sepultamento dos expoentes da nação, como Voltaire, Rousseau, Hugo, Zola e Pierre e Marie Curie.

A SORBONNE

Saindo da praça à direita, siga pela rue Cujas, vire à direita até a rue St.-Jacques e continue descendo. A **Sorbonne ❼**, a mais antiga universidade de Paris (1257), fica à esquerda. Quase todos os seus prédios datam do fim do séc. XIX, embora a capela, com uma bela cúpula, onde está sepultado o cardeal Richelieu, seja do século XVII. No fim da descida, à direita, fica o Collège de France, fundado em 1530 como alternativa humanista perante a rígida Sorbonne católica.

La Dame à la Licorne

A série de tapeçarias do Museu de Cluny *La Dame à la Licorne* é uma das maiores obras de arte medievais da Europa. Elas representam os cinco sentidos e mais um sexto, e misterioso, sentido. Nesta última cena, a dama coloca dentro do porta-joias o colar que estava usando nas outras cinco. Acima dela, vê-se a inscrição: "Para o meu único desejo". A explicação mais comum é que isso simboliza a recusa da tentação e a renúncia ao prazer dos outros cinco sentidos.

MUSÉE DE CLUNY

Entre na rue des Écoles, onde, à esquerda, fica **Le Balzar**, ver 🍴②, um bom lugar para almoço. Em frente, atravesse a pequena place Paul-Painlevé, para entrar no **Musée de Cluny – Musée National du Moyen-Âge** ❽ (tel.: 01 53 73 78 00; <www.musee-moyenage.fr>; 2ª, 4ª-dom., 9h15-17h45; entrada paga).

Outrora residência dos abades de Cluny, esta é a única residência gótica que sobreviveu em Paris. Contém também as ruínas de um enorme complexo de banhos galo-romano construído nos anos 200, pela associação dos *nautes* [barqueiros]; há entalhes de proas de navios nos pilares dos arcos do *frigidarium* [casa de banhos frios].

Em exposição no edifício principal, há manuscritos medievais, obras em tecido (em particular as tapeçarias de *La Dame à la Licorne – ver p. anterior*), vitrais e esculturas, entre elas 21 originais das cabeças dos reis de Judá, esculpidas em 1220 para a fachada de Notre-Dame (*ver p. 26*), mas danificadas durante a Revolução Francesa.

EM DIREÇÃO AO SENA

Ao sair do museu, retorne à rue St.-Jacques e continue descendo, mantendo-se à direita até a rue Dante. Esta rua passa a se chamar rue du Fouarre, onde, à esquerda, fica o tranquilo **La Fourmi Ailée**, ver 🍴③. Para boas opções de comida, desviar à direita para a rue des Grands-Degrés, ver 🍴④ e 🍴⑤.

Square Viviani

Um pouco adiante, está a **square Viviani**, em cujo extremo fica a igreja de **St.-Julien-le-Pauvre** ❾, do séc. XII. Foi um santuário para peregrinos a caminho de Compostela, depois se tornou a igreja da universidade; atualmente é o local do culto católico bizantino.

Indo pela rue St.-Julien, em direção ao rio, chega-se à livraria de língua inglesa **Shakespeare & Co** (diariamente, 12h-0h), à esquerda. Na calçada que margeia o rio, encontram-se os *bouquinistes* [vendedores de livros usados].

Rue de la Huchette

Seguindo na direção oeste, atravesse a rue St.-Jacques e desça a **rue de la Huchette**. Nessa rua medieval, há lugares turísticos, mas que não primam pela qualidade. Preste atenção, à direita, na **rue du Chat-qui-Pêche**, a mais estreita da cidade, e no **Théâtre de la Huchette** ❿ (*ver à direita*) no n. 23. Chega-se afinal à place St.-Michel e sua **fonte**, com São Miguel matando o dragão.

Acima, a partir da esquerda:
Panthéon; café em St.-Germain; rabanetes na rue Mouffetard; Shakespeare & Co.

La cantatrice chauve

O minúsculo Théâtre de la Huchette (23, rue de la Huchette; tel.: 01 43 26 38 99; <www.theatrehuchette.com>) apresenta *La cantatrice chauve* [*A soprano calva*], de Ionesco, há mais de cinquenta anos. Será uma noite divertida se o seu francês estiver em dia, embora o teatro seja muito abafado no verão. Em geral, há ingressos à venda para o próprio dia.

Onde comer

② LE BALZAR
49, rue des Écoles, 5º *arr.*; tel.: 01 43 54 13 67; €€
Cardápio tradicional de brasserie: excelentes *escargots*, linguado na manteiga e cabeça de vitela com molho *ravigote* carregado na mostarda (o favorito de Jacques Chirac). Os garçons, sempre de coletes elegantes, são exímios profissionais.

③ LA FOURMI AILÉE
8, rue du Fouarre, 5º *arr.*; tel.: 01 43 29 40 99; €
Barato, com música ambiente, salão de chá e restaurante. Já foi uma biblioteca para senhoras (nas paredes ainda há fileiras de livros).

④ LE REMINET
3, rue des Grands-Degrés, 5º *arr.*; tel.: 01 44 07 04 24; fecha 3ªs e 4ªs; €€€
Os finos pratos do *chef* Hugues Gournay incluem *escargots*, com caviar de berinjela, e bolo de castanha. Cardápio de almoço com ótimas opções.

⑤ LES DEGRÉS DE NOTRE DAME
10, rue des Grands-Degrés, 5º *arr.*; tel.: 01 55 42 88 88; €
Cardápio saboroso de comida de bistrô e cozinha marroquina. Uma verdadeira pechincha.

8 ST.-GERMAIN

Em elegantes ruas e praças, St.-Germain concentra lojas de estilistas, cafés e restaurantes chiques. Mas, antes do presente cheio de glória, houve um passado turbulento: revolucionários conspiravam, atores se embriagavam e Hemingway roubava pombos do Jardin du Luxembourg para comer.

DISTÂNCIA 3 km
DURAÇÃO Um dia inteiro
INÍCIO Place St.-Michel
FIM Jardin du Luxembourg
OBSERVAÇÕES Termine seu passeio com um piquenique no Jardin du Luxembourg.

Abaixo, à direita: boulevard St.-Germain-des-Prés.

O roteiro começa na **place St.-Michel** ❶; daí, siga para oeste até a rue St.-André-des-Arts, que é muito movimentada, cheia de lojas, cafés e restaurantes. Vire à esquerda para a rue de l'Éperon, à direita para a rue du Jardinet, e continue até a cour de Rohan.

BAIRRO HISTÓRICO

Ao chegar afinal à **cour du Commerce St.-André** ❷, vire à esquerda. Durante a Revolução Francesa, Danton morou no n. 1 desta passagem da calçada de pedras; Jean-Paul Marat era o responsável gráfico do jornal político *L'Ami du Peuple* [O Amigo do Povo], no n. 8, e, no pátio do n. 9, o dr. Guillotin testou em ovelhas sua terrível invenção.

Le Procope

Na curta rua paralela, não deixe de olhar para **Le Procope** (13, rue de L'Ancienne Comédie; tel.: 01 40 46 79 00; 10h30-1h), tido como o mais antigo café de Paris. Começou em 1686 como uma "casa do café" e logo teve sucesso graças às representações da Comédie-Française (*ver p. 45*) num teatro próximo; consta que Racine e Molière eram seus frequentadores regulares.

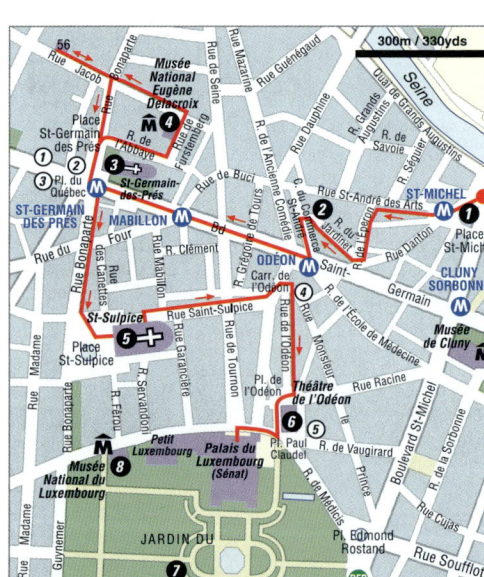

BOULEVARD ST.-GERMAIN

Ao sair da passagem, vire à direita para o boulevard St.-Germain. Algumas quadras adiante, fica a place St.-Germain-des-Prés, onde estão uma das mais antigas igrejas da cidade e um grupo de cafés-restaurantes famosos: o **Café de Flore**, **Les Deux Magots** e a **Brasserie Lipp**, ver 🍴①, ② e ③.

St.-Germain-des-Prés
A igreja de **St.-Germain-des-Prés** ❸ (tel.: 01 55 42 81 33; <www.eglise-sgp.org>; diariamente, exceto 2ªs e sáb. de manhã; 10h30-12h e 14h30-18h45; entrada franca) tem o nome de um bispo de Paris que, no séc. VI, foi sepultado no mosteiro de Saint-Vincent, então existente no local.

A igreja atual foi construída nos séc. XI e XII e fazia parte de um grande mosteiro, destruído durante a Revolução Francesa, quando morreram 300 monges. A igreja resistiu e, em Paris, é a única em estilo românico. Seus problemas, no entanto, não terminaram ali: no séc. XIX, foi transformada em fábrica de salitre e passou por várias e profundas reformas.

Na segunda capela, abaixo da janela, estão enterrados os restos mortais do filósofo René Descartes (1596-1650). Do lado de fora, na place Laurent-Prache, estão as ruínas de uma magnífica capela construída em 1255 pelo arquiteto da Sainte-Chapelle (*ver p. 25*), Pierre de Montreuil, que foi aí sepultado. Atente também para o busto, feito por Pablo Picasso, do poeta Guillaume Apollinaire (1880-1918).

Da praça, vire à direita na rue de l'Abbaye e, em seguida, à esquerda, na linda rue de Furstemberg.

Acima, a partir da esquerda: St.-Germain-des-Prés; pagando a conta; floriculturas; o café Les Deux Magots.

Lojas de modas
Nas ruas ao sul do boulevard St.-Germain e em torno da place St.-Sulpice, há lojas de roupas caras, inclusive de estilistas famosos, sobretudo na rue Bonaparte, rue du Four, rue de Rennes, rue du Dragon, rue de Grenelle e rue du Cherche-Midi.

Onde comer

① CAFÉ DE FLORE
172, boulevard St.-Germain, 6º *arr.*; tel.: 01 45 48 55 26; diariamente, 7h30-1h30; €€€
Imponente café histórico, com interior *art déco*, assentos vermelhos, paredes de mogno e espelhos. Houve tempo em que não era tão caro, e foi muito frequentado por Jean-Paul Sartre e Simone de Beauvoir.

② LES DEUX MAGOTS
6, place St.-Germain-des-Prés, 6º *arr.*; tel.: 01 45 48 55 25; diariamente, 7h30-1h; €€€
Concorrente do Café de Flore, foi também frequentado por Sartre e Simone de Beauvoir, Hemingway, Picasso e Gide. Como tantos outros endereços que ficaram famosos, tornou-se muito caro e movimentado. Refeições ligeiras.

③ BRASSERIE LIPP
151, boulevard St.-Germain, 6º *arr.*; tel.: 01 45 48 53 91; diariamente, 7h30-2h; €€€
É o lugar ideal para encontrar as celebridades do bairro. Dizem ser o restaurante preferido da atriz Émmanuelle Béart.

Institut de France
Siga agora na direção norte pela rue Bonaparte e, à direita, à margem do Sena, veja o Institut de France. É a sede da Académie Française, cujos 40 sócios "imortais" são responsáveis pelo dicionário oficial da língua francesa.

MUSÉE DELACROIX

O **Musée National Eugène Delacroix** ❹ (tel.: 01 44 41 86 50; <www.musee-delacroix.fr>; 2ªˢ e 4ª-dom., 9h30-17h; entrada paga), no n. 6 da place de Furstemberg, abrange a primeira residência, o estúdio e o jardim desse pintor do séc. XIX, que se mudou para lá em 1857 pela proximidade de Saint-Sulpice (ver abaixo), onde ele fora incumbido de pintar vários murais. Faleceu em seu quarto em 1863. No Louvre e no Musée d'Orsay, estão expostas suas principais pinturas românticas; aqui se encontram as obras menores e alguns esboços.

A CAMINHO DE SAINT-SULPICE

Retornando à rue de Furstemberg, continue até a rue Jacob e vire à esquerda. No n. 56, estão os documentos assinados por Benjamin Franklin e David Hartley, representantes na França do rei George III, reconhecendo a independência dos Estados Unidos.

Volte pelo mesmo caminho, vire à direita, na direção sul, e desça a rue Bonaparte, onde há uma sucessão de lojas elegantes; na esquina com a rue Jacob, está a filial do **Ladurée** (ver p. 43), famoso por seus deliciosos *macarons*. Finalmente você chega à place St.-Sulpice, onde, nos meses de verão, há uma feira de antiguidades e outra de poesia. Ao centro, construída por Visconti em 1844, encontra-se a Fontaine des Quatre Évêques, ladeada por leões e com quatro estátuas de bispos do reinado de Luís XIV.

SAINT-SULPICE

O lado leste da place St.-Sulpice é dominado pela enorme igreja em estilo italiano **Saint-Sulpice** ❺ (tel.: 01 42 34 59 98; <www.paroisse-saint-sulpice-paris.org>; diariamente, 7h30-19h30; entrada franca). Iniciada em 1646 com projeto de Jean-Baptiste Servandoni, a igreja teve mais cinco arquitetos e levou 120 anos para ficar pronta. O resultado é um tanto pesado: as torres, sendo uma (a inacabada) mais alta que as outras, mais parecem "tinteiros municipais". É, no entanto, o monumento onde ocorreram o batizado do Marquês de Sade e o casamento de Vítor Hugo; ela também serviu de cenário para *Manon Lescaut*, romance de Prévost do séc. XVIII.

Destaques

No interior, a primeira capela à direita (Chapelle de Ste.-Agnès) foi decorada por Eugène Delacroix e concluída dois anos antes de sua morte. Na nave, en-

---

Massacre dos padres

No Institut Catholique na rue de Vaugirard, n. 74, fica a capela de St.-Joseph-des-Carmes. Em virtude de uma lei de 17 de agosto de 1792, pela qual todos os mosteiros tinham de ser desocupados, este mosteiro carmelita foi transformado em prisão para mais de 150 padres que se recusaram a fazer o juramento em defesa da Constituinte. Como o exército prussiano avançava, os prisioneiros foram acusados de espionagem em favor do inimigo. Depois de um pseudojulgamento, foram usadas lanças, espadas e armas improvisadas para matar 118 dos prisioneiros nos jardins, próximo aos degraus (observe a inscrição latina *hic ceciderunt*, "aqui eles tombaram"). Na cripta estão os restos mortais das vítimas – nenhum crânio ficou intacto. Numa das antigas celas do andar superior, há vestígios de sangue das lanças dos assassinos.

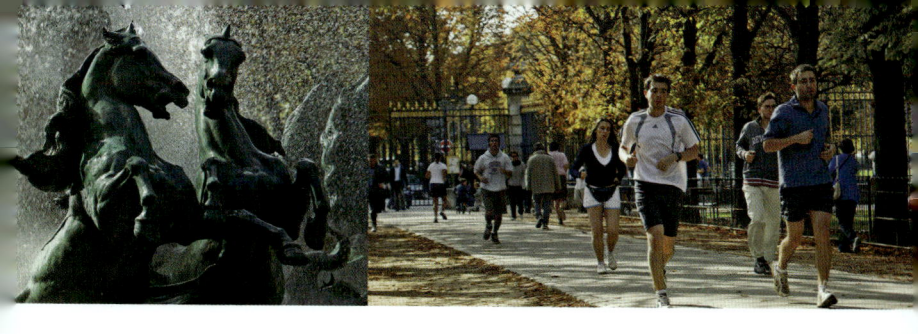

contram-se duas magníficas conchas dadas a Francisco I pela República de Veneza. Veja o excelente órgão de 6.700 tubos e, no quadro de avisos, os detalhes sobre os concertos executados na igreja.

Na ala esquerda do transepto, encontra-se um relógio solar, um obelisco de mármore branco com um fio de cobre que atravessa a nave, embutido no mármore, e que representa o meridiano de Paris. Foi terminado em 1727 e aperfeiçoado por Lemonnier em 1744. Quando o sol brilha através do "olho" situado a 25 m de altura numa janela do transepto voltada para o sul, o dispositivo começa a indicar a "verdadeira" hora do meio-dia e a data aproximada.

ODÉON

Ao sair da igreja, caminhe pela rue St.-Sulpice e vire à esquerda até a rue de Condé para chegar ao **carrefour de l'Odéon** (onde, no **Le Comptoir**, ver ❹, há um ótimo almoço). Em seguida, vire à direita e suba a rue de l'Odéon, reduto privilegiado de editores e sebos há pelo menos 150 anos. No n. 12, Sylvia Beach e a livraria Shakespeare & Co original (ver p. 59) publicaram *Ulysses*, de James Joyce.

No fim da rua, fica o enorme **Théâtre de l'Odéon** ❻, construído em estilo neoclássico entre 1779 e 1782. Nele, *Le mariage de Figaro*, de Beaumarchais, foi representado pela primeira vez em 1784; aí também a atriz Sarah Bernhardt fez grandes apresentações.

Atrás do teatro fica a rue de Vaugirard, onde há o atraente **Au Petit Suisse**, ver ❺, que vale a pena conhecer antes de terminar o roteiro no Jardin du Luxembourg.

JARDIN DU LUXEMBOURG

Na entrada do **Jardin du Luxembourg** ❼ (diariamente, do nascer ao pôr do sol; entrada franca) fica o **Palais du Luxembourg**, construído nos anos 1620 para Maria de Médicis, viúva de Henrique IV, por Salomon de Brosse. Foi escolhido o estilo italiano para lembrar à rainha o palácio Pitti da sua Florença natal. Atualmente, ele abriga o Senado. Ao lado, no n. 19 da rue de Vaugirard, fica o **Musée National du Luxembourg** ❽ (tel.: 01 42 34 25 95; <www.museeduluxembourg.fr>; diariamente, 11h-17h; entrada paga). Inaugurado em 1750, é a mais antiga galeria de arte da França e atual recinto das principais exposições.

Os jardins ficam abertos até o anoitecer, quando é anunciado o fechamento de seus altos portões. Nele há estátuas, fontes, lago para barquinhos, gramados, cafés, palco para música, *playground*, espaço com areia para crianças, teatro de marionetes, carrossel, quadras de tênis, terreno de bocha, cadeiras, pomares com 300 variedades de maçãs e um apiário, onde é possível fazer cursos de apicultura.

Acima, a partir da esquerda: gato numa joalheria chique de St.-Germain; a igreja de Saint-Sulpice; as fontes do Jardin du Luxembourg; praticando *jogging* no Luxembourg.

Acima: no Jardin du Luxembourg.

Onde comer

❹ LE COMPTOIR
9, carrefour de l'Odéon, 6º arr.; tel.: 01 44 27 07 97; €€€
À noitinha, o bistrô do *chef* Yves Camdeborde oferece uma refeição imperdível por €40, tão boa que é preciso reservar com meses de antecedência. Os pratos do almoço são igualmente saborosos, como o caldo de galinha gelado, com hortelã e cenoura, e o assado de cordeiro.

❺ AU PETIT SUISSE
16, rue de Vaugirard, 6º arr.; tel.: 01 43 26 03 81; €
Despretensioso café com terraço. Há décadas, permanece igual. São servidos lanches do meio-dia à meia-noite.

9 MONTMARTRE

Relíquia romântica de um mundo mais simples e mais vital ou vítima constante do próprio sucesso? Venha a Montmartre de mente aberta, evite as armadilhas óbvias para turistas e descubra coisas fascinantes e surpreendentes.

DISTÂNCIA 3,5 km
DURAÇÃO Um dia inteiro
INÍCIO Les Abbesses
FIM Place de Clichy
OBSERVAÇÕES
As ruas de Montmartre são muito íngremes, portanto este não é o melhor roteiro para quem prefere caminhadas tranquilas em terreno plano. (Há um funicular que pode tornar a subida mais fácil.) Use calçados confortáveis e de salto baixo.

Montmartre sempre esteve à parte do resto da cidade. Durante anos do séc. XIX, a área foi escavada para a obtenção de gipsita (gesso) e manteve um charme bucólico, com vinhedos, plantações de trigo, rebanhos de carneiros e 40 moinhos de vento. O marcado isolamento da colina e os aluguéis baratos atraíram artistas e escritores. Pintores e seus modelos frequentavam a place Pigalle, e muita gente ia ao Moulin Rouge. O impressionismo, o fauvismo e o cubismo foram concebidos nos sótãos, bares e salões de baile desta região.

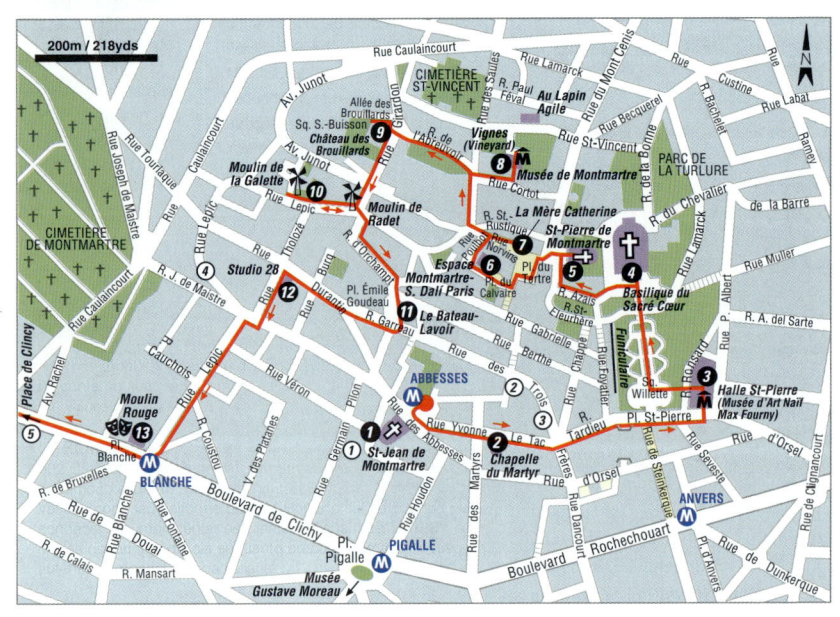

64 MONTMARTRE

LES ABBESSES

Na saída do metrô Abbesses, aprecie a marquise *art nouveau* de Hector Guimard, uma das duas remanescentes na cidade – a outra fica na place Dauphine. Do lado oposto, encontra-se outra estrutura *art nouveau*: **St.-Jean de Montmartre** ❶. Construída entre 1897 e 1904 com projeto de Anatole de Baudot, a igreja é um dos primeiros edifícios feitos com cimento armado e tijolos. No início, muitos temeram que ela não fosse muito resistente e chegou a ser dada ordem para sua demolição. Felizmente, os principais interessados se convenceram de sua solidez.

No interior, vários afrescos (inacabados), feitos no fim da Primeira Guerra Mundial, representam o Evangelho de São João. Na bela decoração da igreja, há esculturas, vitrais e mosaicos.

Agora, já anotando alguns bons restaurantes para mais tarde, ver ⑪① e ⑪②, saia da praça na direção leste e vá à rue Yvonne-le-Tac. No n. 9 fica a **Chapelle du Martyr** ❷, onde, segundo a lenda, Saint-Denis, o primeiro bispo de Paris, apanhou sua cabeça depois de ter sido decapitado pelos romanos no ano 287. Diz-se que ele saiu andando e a carregou até o local onde hoje está a basílica de St.-Denis, 10 km ao norte. Montmartre significa "colina do mártir".

PLACE ST.-PIERRE

A rua nesse ponto passa a se chamar rue Tardieu e, depois, place St.-Pierre. Quando a basílica branca de Montmartre surgir, caminhe até o lado extremo da praça, onde, à esquerda, está o **Halle St.-Pierre**. Este espaço de mercado coberto do século XIX, projetado por Victor Baltard (o mesmo criador de Les Halles, *ver p. 48*), abriga o **Musée d'Art Naïf Max Fourny** ❸ (tel.: 01 42 58 72 89; diariamente, 10h-18h; entrada paga), que exibe obras de arte rústicas, em estilo *naïf*, de artistas do mundo inteiro, quase todos autodidatas ou de origem humilde. Também promove cursos intensivos para crianças e possui uma excelente livraria e um café.

Agora, suba pela square Willette, projetado em terraços em 1929, ou pegue o funicular (a passagem é um bilhete do metrô) para chegar à esplanada em frente do Sacré-Cœur.

SACRÉ-CŒUR

A basílica do **Sacré-Cœur** ❹ (35, rue Chevalier-de-la-Barre; tel.: 01 53 41 89 00; <www.sacre-coeur-montmartre.com>; cripta e domo: no verão, 9h30-19h, no inverno, 10h-17h30; entrada franca para a basílica, entrada paga para o domo e a cripta) foi construída após o fim da Comuna de Paris de 1871, revolta

Acima, a partir da esquerda: restaurante do bairro; St.-Jean de Montmartre; marquise *art nouveau* do metrô, por Hector Guimard; a basílica do Sacré-Cœur.

Rompendo o cerco
Foi da place St.-Pierre que, em 7 de outubro de 1870, Léon Gambetta, ministro do Interior da recém-criada Terceira República, subiu num balão amarelo movido a ar quente, para conclamar o exército em Tours a livrar Paris do cerco prussiano.

Onde comer

① CHEZ TOINETTE
20, rue Germain-Pilon, 18º *arr.*; tel.: 01 42 54 44 36; 3ª-sáb.; €€€
Enquanto muitos estabelecimentos do bairro impingem refeições caras aos turistas desavisados, este agradável bistrô propõe num quadro-negro o cardápio bom e barato, com bife, javali cozido, uma ótima salada com queijo de cabra derretido e ameixas curtidas em Armagnac.

② AU GRAIN DE FOLIE
24, rue de la Vieuville, 18º *arr.*; tel.: 01 42 58 15 57; €
Lugar vegetariano para não-vegetarianos, é o local ideal para uma refeição ligeira a caminho da Butte. Sente-se entre os utensílios de cozinha e as vasilhas com hortaliças e saboreie uma tigela de sopa caseira, uma travessa de verduras crespas ou uma apetitosa fatia de torta. O restaurante é muito apertado, mas tudo isso torna o ambiente simpático.

Acima, a partir da esquerda: paleta do artista na place du Tertre, placa do museu; garrafas de vinho; café em Montmartre.
Abaixo: o vinhedo.

Erik Satie
O compositor Erik Satie (1866-1925) viveu em vários endereços da rue Cortot nos anos 1890 e lá teve um romance com a artista Suzanne Valadon, que morava algumas casas adiante. É possível visitar o minúsculo quarto no n. 6, ao qual ele se referia como o "meu armário embutido" (tel.: 01 42 78 15 18; visitas com hora marcada; entrada paga). Há manuscritos, uma gravura de Picasso e esboços para o balé *Parade*.

vivida com valentia pelos anarquistas de Montmartre. Por ter sido projetada como sinal de paz após a carnificina e também por sua discutível e medíocre arquitetura, nunca foi bem-aceita pelos moradores. Até hoje é objeto de chacota nas canções de cabaré do alto de La Butte [a colina].

A construção da basílica estendeu-se de 1875 a 1914, e ela só foi consagrada em 1919. O arquiteto, Paul Abadie, inspirou-se na catedral romano-bizantina de St.-Front, no Périgueux, e utilizou como material a pedra de Château-Landon. Quando chove, ela segrega calcita, substância que torna as paredes brancas, da cor de um osso.

O domo, ao qual se chega através de estreita escada espiralada com 237 degraus, oferece uma maravilhosa vista de Paris. Existe também um enorme sino, o Savoyarde, que pesa 18 toneladas. Da galeria de vitral abaixo do domo, tem-se uma boa visão do interior da igreja.

PLACE DU TERTRE

Depois da igreja, siga na direção oeste até a rue Azais e vire à direita na rue St.-Éleuthère, para chegar à place du Tertre, lamentavelmente repleta de restaurantes caros e de péssimos pseudoartistas. Mesmo assim, pare na praça para algumas descobertas que valem a pena.

St.-Pierre de Montmartre
À direita, fica a sóbria igreja de **St.-Pierre de Montmartre** ❺ (tel.: 01 46 06 57 63; diariamente, 8h30-19h; entrada franca), a segunda mais antiga de Paris, depois de St.-Germain-des-Prés. Erigida em 1133, é tudo o que resta do velho mosteiro onde viviam religiosas beneditinas. Ele foi destruído durante a Revolução Francesa, e a última madre superiora, apesar de cega, surda e com 82 anos, morreu na guilhotina. A igreja, então abandonada, só foi reconsagrada em 1908. Convém notar também que, segundo a mais antiga biografia de Santo Iná-

cio de Loyola, foi aí que ele fez seus votos, o que o levou a fundar a congregação dos jesuítas.

No interior, as paredes e colunas (de origem romana) da nave parecem ter cedido com os anos e inclinam-se para fora. Caso você esteja aqui na Toussaint (Dia de Todos os Santos, 1º de novembro), visite o pequeno e romântico pátio atrás da igreja, pois é o único dia do ano em que fica aberto.

Museu Dalí

No lado oposto da praça, fica a place du Calvaire, de cujo terraço se tem uma vista maravilhosa de Paris. Na ponta extrema, na esquina da rue Poulbot, fica o **Dalí Paris – Espace Montmartre** ❻ (11, rue Poulbot; tel.: 01 42 64 40 10; <www.daliparis.com>; diariamente, 10h-18h; entrada paga), com mais de 300 obras desse artista surrealista.

O primeiro bistrô

Seguindo a rue Poulbot, vire à direita na rue Norvins e entre no **La Mère Catherine** ❼, no n. 6, considerado o primeiro bistrô de Paris. Foi antro de bêbados e revolucionários (onde Danton disse "comam, bebam, porque amanhã estaremos mortos"); depois, parece que a velha taverna serviu soldados russos durante a ocupação aliada de 1814. Quando eles pediam bebidas – o que era proibido pelas autoridades militares russas – costumavam gritar "bistrô" para significar "depressa", e assim criaram uma verdadeira instituição parisiense.

Deixe a multidão para trás, saia da rue Norvins, entre na rue des Saules e pegue a segunda à direita, até a rue Cortot.

MUSÉE DE MONTMARTRE

Na rue Cortot n. 12, na mais antiga casa da Butte, fica o **Musée de Montmartre** ❽ (tel.: 01 49 25 89 37; <www.museedemontmartre.fr>; 4ª-dom., 11h-18h; entrada paga), que registra a vida e os momentos do bairro dos artistas.

Este solar foi, no início, a residência de Rosimund, ator da companhia teatral de Molière que, em 1686, teve o mesmo azar que seu mestre tivera 13 anos antes: desmaiou durante uma apresentação de *Le malade imaginaire* [*O doente imaginário*]. Duzentos anos mais tarde, a casa foi dividida em estúdios, com Renoir, Dufy, Utrillo e sua mãe, Suzanne Valadon, vivendo e trabalhando aqui (*ver o texto à margem, na p. 66*).

As exposições

Hoje, os andares de baixo são consagrados à história de Montmartre através de revoluções e guerras, enquanto os andares superiores evocam a lendária vida artística e boêmia. Além da reconstrução do café favorito de Utrillo, L'Abreuvoir, existe um estúdio do artista e ilustrações de Utrillo, Dufy e Toulouse-Lautrec.

VINHEDO

Atrás do museu (de suas janelas, a vista é belíssima), existem vinhedos que foram plantados em 1933 em homenagem às cepas lá cultivadas desde a Idade Média. No início de outubro, a colheita da uva atrai centenas de voluntários, e organizam-se procissões e festas nas ruas vizinhas. Cerca de 300 litros de vinho são leiloados, e a renda vai para o Comitê do Festival de Montmartre.

Cabaré histórico
Descendo a rue des Saules, no n. 22 fica o Au Lapin Agile (tel.: 01 46 06 85 87; <www.au-lapin-agile.com>; 3ª-dom., 21h-2h; entrada paga). Em bancos de madeira e mesas arranhadas (embora com telas originais de Gill e Léger), você é convidado para um cálice de cerejas na aguardente e uma noitada de canções e poemas seguindo a tradição de Aristide Bruant. De vez em quando Renoir e Verlaine comiam aqui, e Picasso pagou um prato do dia com uma de suas telas, o *Arlequin*, que hoje vale milhões de euros.

Acima, a partir da esquerda: vista do Sacré-Cœur; jogo de bocha na place Suzanne-Buisson; o Moulin Rouge; Pigalle, na descida de Montmartre.

A casa de Van Gogh
Foi no n. 54 da velha estrada da pedreira da rue Lepic que Vincent Van Gogh e Theo, seu irmão *marchand*, moraram durante 2 anos, no final da década de 1880. Na época, Van Gogh expunha suas telas no Le Tambourin, um cabaré vulgar do boulevard de Clichy, até que o proprietário lhe pediu que as retirasse, pois elas incomodavam os fregueses.

CHÂTEAU DES BROUILLARDS

Do outro lado da rue des Saules, vindo da rue Cortot, fica a rue de l'Abreuvoir, que passa a se chamar allée des Brouillards. Aqui, no lado oposto ao **Château des Brouillards** ❾, fica a **place Suzanne-Buisson**, no local dos antigos jardins do castelo. A casa foi construída em 1772 e tem o nome do moinho que havia lá e que só se via quando a névoa se dissipava. As dependências confiscadas em seu terreno foram habitadas por Renoir e pelo poeta simbolista Gérard de Nerval (que se enforcou em 1855, deixando o seguinte bilhete: "Não espere por mim, pois a noite será preta e branca"). Mais tarde, a mansão passou a funcionar como salão de dança, e o local sofreu invasões antes de ser restaurado.

O MOINHO DE RENOIR

Siga na direção sul pela rue Girardon e vire à direita na rue Lepic. À direita, está o **Moulin de La Galette** ❿. Construído em 1604, o moinho se transformou-se no séc. XIX em salão de baile e foi imortalizado por Renoir, na sua tela de 1866 de mesmo nome (*ver p. 13*). Antes disso, no cerco de Paris de 1814, os quatro irmãos Debray lutaram para salvar o moinho do ataque dos russos; um deles foi, por isso, crucificado nas asas do moinho. Hoje, está mais bem protegido e é de acesso privado, conforme se pode ler no aviso: "Residência vigiada por radar eletrônico e cão de guarda".

BATEAU-LAVOIR

Retorne à rue Girardon, prestando atenção em outro moinho, o Moulin de Radet. Dirija-se para o sul pela estreita rue d'Orchampt e continue até chegar à place Émile-Goudeau. No n. 13, estúdios de artistas, recentemente construídos, substituem o prédio de madeira em ruínas no qual Braque e Picasso criaram o cubismo. **Le Bateau-Lavoir** ⓫, assim chamado por parecer um lavadouro flutuante, foi onde Picasso pintou *Les demoiselles d'Avignon* (1907), evocando as prostitutas de Barcelona; em aposentos contíguos, Guillaume Apollinaire e Max Jacob desenvolveram o estilo do verso livre. Infelizmente, em 1970, quando estava para ser reformado, o prédio pegou fogo. Em seu lugar, foi construído um outro que reproduz o original.

La Nouvelle Athènes

Na metade do séc. XIX, a área ao sul do boulevard de Clichy, então conhecida como La Nouvelle Athènes [Nova Atenas], atraía escritores, artistas, compositores, atrizes e cortesãs. Para ter uma amostra desse passado brumoso, visite o Musée Gustave Moreau (14, rue de La Rochefoucauld; tel.: 01 48 74 38 50; <www.musee-moreau.fr>; 4ª-seg., 10h-17h15; entrada paga) com seu adorável estúdio de pé-direito alto abarrotado de telas simbolistas, ou o Musée de la Vie Romantique *(à direita)* na rue Chaptal, n. 16 (tel.: 01 55 31 95 67; 3º-dom., 10h-18h; entrada paga), com objetos e lembranças da romancista George Sand e de seu círculo de amigos, inclusive de seu amante, o compositor Chopin.

STUDIO 28

Se quiser comer alguma coisa, vire à esquerda até a rue des Trois Frères e entre no bistrô **L'Annexe**, ver ⑬③. Caso contrário, para continuar o roteiro, vire à direita até a rue Garreau, que logo se torna rue Durantin e, no cruzamento com a rue Tholozé, vire à esquerda.

L'âge d'or
À esquerda, encontra-se o famoso cinema, **Studio 28** ⑫, onde, em 1930, o filme *L'âge d'or* [*A idade do ouro*], de Luis Buñuel, provocou tumulto na segunda sessão, devido ao conteúdo sexual explícito (o filme só passara pela censura por ter sido apresentado como "o sonho de um homem louco"). Membros da Liga de Patriotas fascista jogaram tinta na tela, atacaram pessoas da plateia e destruíram obras de Dalí, Miró, Man Ray, Yves Tanguy e outros, que estavam expostas no saguão. O filme ficou proibido durante 50 anos.

Rue Lepic
No fim da rue Tholozé, vire à direita e entre na junção da rue Lepic. No n. 42, fica **À la Pomponette**, ver ⑬④, enquanto no n. 15 fica **Les Deux Moulins**, onde Amélie Poulain era garçonete no filme de mesmo nome. No extremo sul da rue Lepic, vire à direita para o boulevard de Clichy.

O MOULIN ROUGE

Logo à direita fica o **Moulin Rouge** ⑬ (82, boulevard de Clichy; tel.: 01 53 09 82 82; <www.moulinrouge.fr>; entrada paga); aqui, 60 "Doris Girls" encantam com seus mil trajes glamorosos e cheios de brilho no *show* noturno de cancã *Féerie* [*Encantamento*].

A história do clube, construído em 1889, é bem escandalosa. Em 1896, no Baile Anual da Escola de Artes de Paris que lá se realizou, uma das alunas fez o primeiro *striptease* com nu total. Ela foi detida e presa, e os estudantes armaram barricadas no Quartier Latin, deflagrando "a batalha pela nudez artística"; dois estudantes morreram no confronto com a polícia.

Lembrando o poeta Jacques Prévert, que morava bem ao lado, continue descendo o boulevard de Clichy em direção à place de Clichy, onde o **Wepler**, ver ⑬⑤, uma *brasserie* tradicional, fecha com chave de ouro este roteiro.

Onde comer

③ L'ANNEXE
13, rue des Trois-Frères, 18º *arr.*; tel.: 01 46 06 12 48; 2ª-sáb.; €€
Lugar confortável dirigido por um casal idoso que serve cozinha caseira francesa com toque suíço.

④ À LA POMPONETTE
42, rue Lepic, 18º *arr.*; tel.: 01 46 06 08 36; 2ª-sáb.; €€€
Bistrô comandado por uma família que serve excelentes pratos tradicionais franceses.

⑤ WEPLER
14, place de Clichy, 18º *arr.*; tel.: 01 45 22 53 24; diariamente, 12h-1h; €€€
De antigo restaurante com salão de bilhar anexo, passou a *brasserie* especializada em frutos do mar. Sirva-se numa enorme travessa de ostras, lesmas-marinhas, mariscos, lagostins, caranguejos e ouriços-do-mar.

Pigalle

No fundo da Butte fica Pigalle; antigamente conhecida como ponto de prostituição, a área está sendo saneada e tal atividade está restrita a alguns locais. Certos *sex shops* e pontos noturnos de má fama ainda resistem, mas muitos bordéis e cabarés eróticos foram substituídos por clubes modernos (como, por exemplo, o Divan du Monde, no n. 75 da rue des Martyrs), butiques chiques, cafés e restaurantes modernos. Observe na rue Navarin, n. 8, o moderno Hôtel Amour (tel.: 01 48 78 31 80; <www.hotelamour.com>; *ver p. 115*), que tira proveito do passado erótico do bairro.

TROCADÉRO

Este passeio pelo Trocadéro no 16º arr. oferece uma grande variedade de museus. Arte ou moda, antiguidades asiáticas ou história naval: escolha bem o que visitar, pois não dá para ver tudo.

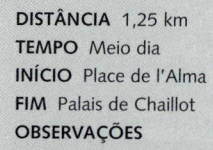

DISTÂNCIA	1,25 km
TEMPO	Meio dia
INÍCIO	Place de l'Alma
FIM	Palais de Chaillot
OBSERVAÇÕES	Este tempo de duração inclui o passeio e uma visita a dois dos museus indicados.

Chama da Liberdade
Na place de l'Alma, preste atenção à La Flamme, cópia da chama da Estátua da Liberdade (oferecida pela França aos Estados Unidos). O monumento, em cujo subterrâneo ocorreu o fatídico acidente da princesa Diana, é uma homenagem a ela.

Comece pela place de l'Alma (*ver à esquerda*), siga na direção oeste e suba a avenue du Président-Wilson até chegar ao primeiro museu deste roteiro. À sua esquerda, no n. 13 da avenue du Président-Wilson, fica o **Palais de Tokyo ❶**, construído, como o vizinho Palais de Chaillot, para a Feira Mundial de 1937. Agora ele abriga dois museus.

O primeiro é o **Musée d'Art Moderne de la Ville de Paris** (tel.: 01 53 67 40 00; <www.paris.fr/musees/mamvp>; 3ª-dom., 10h-18h; entrada paga), que é o acervo municipal de arte moderna, notável pelo *La danse* (1932), de Matisse, e pelo mural *Fée de l'électricité*, de Raoul Dufy.

No outro lado, está o **Site de Création Contemporaine** (tel.: 01 47 23 54 01; <www.palaisdetokyo.com>; 3ª-dom., 12h-0h; entrada paga). Descrito como um "laboratório de arte contemporânea", ele lança artistas jovens através de exposições, *performances* e oficinas. Também tem um restaurante moderno, ver 🍴❶.

MUSÉE DE LA MODE

No outro lado da rua, numa mansão construída por Gustave Eiffel, fica o **Musée de la Mode et du Costume – Musée Galliera ❷** (10, avenue Pierre-1er-de-Serbie; tel.: 01 56 52 86 00; diariamente, 3ª-dom., 10h-18h; entrada paga). Graças a seu acervo de 12 mil trajes e 60 mil acessórios do séc. XVIII até hoje, faz duas exposições por ano, sobre períodos históricos, temas e estilistas.

MUSÉE GUIMET

Siga pela avenue du Président-Wilson; ao chegar à place d'Iéna, à direita, no n. 6, está o **Musée National des Arts Asiatiques – Musée Guimet ❸**, o museu nacional de arte asiática (tel.: 01 56 52 53 00; <www.museeguimet.fr>; diariamente, exceto 3ªs, 10h-18h;

Onde comer 🍴

❶ CAFÉ DE L'ART MODERNE
Palais de Tokyo, avenue du Président-Wilson, 8º *arr.*; tel.: 01 47 20 00 29; fecha 2ªs; €€€
Bem planejado, divertido e muito popular, este café tem um cardápio moderno que reúne várias tradições culinárias, além de comida vegetariana.

❷ BRASSERIE DE LA POSTE
54, rue de Longchamp, 16º *arr.*; tel.: 01 47 55 01 31; €€€
Em excelente local, esta simpática e confortável *brasserie* prepara com esmero pratos tradicionais da cozinha francesa.

entrada paga). Foi fundado em 1889 como museu das religiões por Émile Guimet, um industrial viajante do séc. XIX. Acrescido das obras orientais do Louvre, possui agora 45 mil peças. Entre as mais importantes, destacam-se telas chinesas de Dunhuang, o Tesouro de Begram do Afeganistão e o Caminho do Gigante, parte do conjunto do templo de Angkor Wat, do Camboja. Muitas de suas exposições refletem a história colonial da França e o trabalho de arqueólogos franceses.

Para uma refeição ligeira, vá até a rue de Longchamp, à **Brasserie de La Poste**, ver ⑪②.

PALAIS DE CHAILLOT

Volte para a avenue du Président-Wilson e siga na direção oeste por uns cinco minutos até chegar à place du Trocadéro e ao **Palais de Chaillot** ❹. Este enorme complexo *art déco* foi projetado por um trio de arquitetos (Boileau, Carlu e Azema) e contém três museus e um teatro. No momento, porém, ele passa por uma série de reformas, e alguns setores podem estar fechados.

Cité de l'Architecture

O primeiro à sua esquerda na ala leste é o recém-restaurado **Cité de l'Architecture et du Patrimoine** (tel.: 01 58 51 52 00; <www.citechaillot.fr>; 2ªs, 4ª-6ª, 12h-20h; sáb.-dom., 11h-19h; entrada paga). No andar térreo, a história arquitetônica da França através de desenhos, fotos clássicas e moldes de gesso em tamanho natural de monumentos, dos portais de catedral às fontes renascentistas. No segundo andar, exposições temáticas trazem você de volta ao presente.

Musée National de la Marine

Na ala oeste fica o **Musée National de la Marine** (tel.: 01 53 65 69 69, <www.musee-marine.fr>; 2ªs, 4ª-dom., 10h-18h, acesso até 17h15; entrada paga). Exposição de canos de canhões, sabres, torpedos antigos, uniformes, modelos e telas, de galeões antigos a submarinos nucleares.

Musée de l'Homme

Também na ala oeste fica o **Musée de l'Homme** (tel.: 01 44 05 72 72; <www.mnhn.fr>; 2ªs, 4ª-6ª, 10h-17h; sáb.-dom., 10h-18h; entrada paga). Grande parte do acervo de etnologia passou agora para o Musée du Quai Branly (ver p. 38), do outro lado do rio, mas ainda há exposições fascinantes sobre evolução, genética e crescimento demográfico.

Termine o roteiro descendo as escadarias atrás do Palais de Chaillot até os jardins com a magnífica vista para a Torre Eiffel (ver p. 36).

Acima, a partir da esquerda:
vista aérea do Palais de Chaillot em *art déco*; mural *Fée de l'électricité*, de Raoul Dufy, no Palais de Tokyo.

Marcador do nível do rio
Na Pont de l'Alma, olhe para o Sena e veja a estátua do Zouave, que serve de marca do nível do rio. Se os dedos do pé dela ficarem molhados, Paris recebe o sinal de enchente; se forem os tornozelos, as ruas adjacentes são interditadas; se a água chegar aos quadris da estátua, há um plano emergencial.

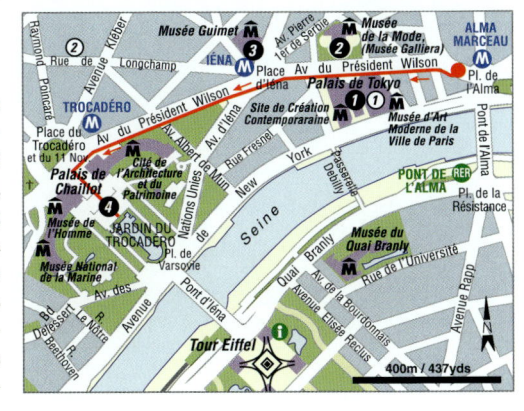

PÈRE LACHAISE

Perambule pelo labirinto de túmulos de celebridades no Père Lachaise, depois caminhe por Belleville, que, de antigo vilarejo passou a bairro operário e, hoje, oferece uma mistura agradável de cafés, espaços de arte, casas e jardins.

DISTÂNCIA 4 km
DURAÇÃO Meio dia
INÍCIO Père Lachaise
FIM Place du Colonel-Fabien
OBSERVAÇÕES
A melhor estação de metrô para iniciar este roteiro é a Philippe-Auguste, perto da entrada sudoeste do cemitério.

Ao sair do metrô Philippe-Auguste, vire à direita até o boulevard de Ménilmontant, onde se encontra o endereço parisiense mais elegante para os mortos: o cemitério do **Père Lachaise** ❶ (<www.pere-lachaise.com>; diariamente, 9h30-17h30; entrada franca). Entre os "moradores", Chopin, Molière, Rossini e celebridades contemporâneas: Édith Piaf, Gertrude Stein, Oscar Wilde, Jim Morrison e Yves Montand. Na entrada principal, no boulevard de Ménilmontant, há mapas grátis para os visitantes, com a localização dos túmulos mais famosos.

O nome do cemitério vem do confessor de Luís XIV, o Père La Chaise (1624-1709), que viveu num convento jesuíta existente no local da atual capela. Em 1804, Napoleão determinou a instalação do cemitério, embora no início fosse considerado muito longe da cidade. Num lance de *marketing*, os administradores organizaram a transferência dos restos mortais dos escritores La Fontaine, Molière e, mais tarde, dos amantes Abelardo e Heloísa. Parece que deu certo, e hoje há mais de 300 mil corpos enterrados, além de urnas com as cinzas dos que foram cremados.

VISITA AO CEMITÉRIO

Suba a avenue Principale e vire à direita, até a avenue du Puits, para chegar ao túmulo de Abelardo e Heloísa, revestido com fragmentos da abadia de Nogent-sur-Seine. No séc. XII, Heloísa era aluna do controvertido teólogo Abelardo e, em segredo, tornou-se sua amante e esposa. Furioso, o pai dela mandou castrar Abelardo, que foi banido para um mosteiro, e enclausurou Heloísa num convento. Ficaram para a posteridade suas cartas que são uma confissão de amor puro e fiel.

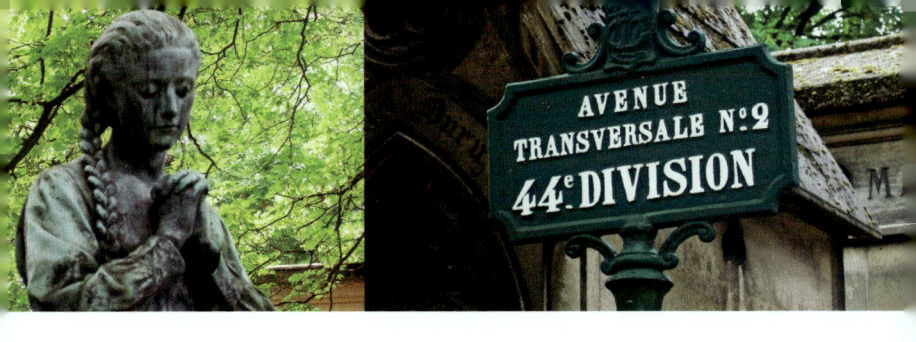

Artistas e escritores
Volte pelo mesmo caminho até a avenue Principal e continue seu itinerário passando pelos túmulos de Colette, Rossini e Alfred de Musset. Suba pelas alamedas sombreadas até a capela no alto da colina e aprecie a vista à sombra dos castanheiros. Nos bancos espalhados pela alameda, vêem-se senhoras dando de comer aos gatos que vivem entre os monumentos.

Prossiga na mesma direção pela avenue des Combattants Étrangers mortos pela França, passe pelo túmulo do espírita Allan Kardec (onde alguns visitantes deixam estranhas lembranças ou praticam ritos esquisitos diante da campa) e vá até o belo crematório próximo aos túmulos de Isadora Duncan, Maria Callas, Max Ophüls e Max Ernst. Daqui, se estiver cansado, caminhe até o portão de saída (os sanitários ficam do lado esquerdo), ou, se preferir, pegue a curva à direita pela avenue Circulaire até a parte alta (leste) do cemitério e ao Mur des Fédérés.

Mur des Fédérés
Junto a este muro estavam os últimos 147 rebeldes anarquistas da Comuna de Paris – uma corajosa rebelião contra o domínio prussiano em 1871. Lá eles foram alinhados e fuzilados, depois de terem resistido entre os túmulos durante toda a noite. Os buracos das balas ainda são visíveis. Bem próximo, fica o Jardin du Souvenir, onde há uma série de monumentos dedicados aos mortos da Segunda Guerra Mundial, sobretudo às vítimas de Auschwitz, Buchenwald e de outros campos de concentração. Existem também monumentos em honra dos membros da Resistência Francesa.

Parada para almoço
Deixando o silêncio do cemitério pela saída mais próxima do crematório, você chega até a rue des Rondeaux. Vire à esquerda em direção à estação de metrô Gambetta, à esquerda novamente até a place Martin-Nadaud e procure a **rue Sorbier** no lado mais afastado. Nesta rua arborizada há cafés e bistrôs agradáveis, entre os quais ①.

BELLEVILLE

O roteiro agora vai até **Belleville**, que, no início do séc. XIX, era um fértil vilarejo cujas nascentes foram canalizadas para abastecer Paris; na segunda metade do séc. XIX, tornou-se território predominante da classe trabalhadora e pobre da cidade, onde se fo-

> **Onde comer**
> ① **REZ DE CHAUSSÉE**
> 10, rue Sorbier, 20º arr.; tel.:
> 01 43 58 30 14; €
> Os pratos tradicionais franceses mais simples são as melhores opções deste simpático bistrô: *œuf en cocotte, faux filet, mousse au chocolat*. Preços excelentes.

Acima, a partir da esquerda:
alameda do cemitério; proibida a entrada de cachorros mesmo com coleira; estátua; em direção a Victor Noir (*ver abaixo*).

Victor Noir
Morto em duelo na véspera do casamento, este heroi é venerado por mulheres em busca do amor. Segundo a crença popular, basta a moça beijar os lábios da estátua deitada no chão (avenue Transversale n. 2, division 44) e colocar uma flor no chapéu virado para cima, que, antes de o ano findar, ela encontrará marido. Diante da grande afluência, as autoridades pretendem cercar o túmulo.

Acima, a partir da esquerda:
vista de Paris a partir do Parc de Belleville; sede do Partido Comunista; interior da moderna butique Antoine et Lili, quai de Valmy; vista do Canal.

Querido Pardal
Segundo a lenda, Édith Piaf nasceu na rue de Belleville, n. 72, na entrada do prédio. Na placa ao alto da porta, lê-se: "Nos degraus desta casa, em 19 de dezembro de 1915, nasceu, na maior indigência, Édith Piaf, cuja voz mais tarde comoveu o mundo". O pequeno Musée Édith Piaf no n. 5, rue Crespin-du-Gast, é um tributo à fabulosa rainha da *chanson* francesa.

mentavam as rebeliões. No atual panorama pós-industrial, o *quartier* passa por um processo de enobrecimento, que se completa com os habituais sintomas transitórios das artes coletivas e galerias improvisadas em pequena escala.

Passage Plantin
Cruze a rue de Ménilmontant até a rue Henri Chevreau e olhe à esquerda para avistar o Centre Pompidou. Siga a curva da rua e dobre à direita na rue des Couronnes e à esquerda, descendo uma ruela, a **Passage Plantin ❷**, que tem lindas casas com cercas vivas, típicas de Belleville antes da invasão dos incorporadores imobiliários.

Parc de Belleville
No outro lado da Passage Plantin, vire à esquerda na rue du Transvaal, que depois passa a se chamar rue Piat. Daí se descortina uma bela vista do **Parc de Belleville ❸** (diariamente, do nascer ao pôr do sol; entrada franca) e da cidade, mais ao longe. O parque acompanha a descida da colina, e é ainda mais bonito na parte inferior. Aproveite, se quiser descansar.

Rue Rébeval
Para continuar, desça a rue Piat até chegar à rue Belleville. Antes de atra-

vessar para a rue Rébeval, procure o n. 72, em cuja soleira consta que a cantora Édith Piaf nasceu.

Na rue Rébeval, preste atenção no estranho prédio de tijolos nos nn. 78-80, no lado esquerdo. Atual Escola de Arquitetura Paris-Belleville, foi outrora a sede da fábrica Meccano, de onde saíram muitos presentes de Natal, como os jogos de montar para crianças.

Butte Bergeyre
Neste ponto, vire à direita até a rue Pradier e mais uma vez à esquerda até a avenue Simón-Bolívar (ver ⑪②), que encosta na esquina do **Parc des Buttes-Chaumont ❹**. O parque todo é descrito no itinerário 12 (*ver p. 79*), mas, se preferir, termine o roteiro aqui.

Como segunda opção, siga a margem oeste do parque pela rue Manin e vire à esquerda descendo a avenue Mathurin-Moreau. Do lado esquerdo, fica a **Butte Bergeyre ❺**, que antes da Primeira Guerra Mundial era um parque de diversões, com carrosséis, barracas de tiro ao alvo e teatro de marionetes. Agora, é um fantástico complexo de alamedas, casas e jardins situados nas encostas.

Place du Colonel-Fabien
A avenue Mathurin-Moreau segue até a place du Colonel-Fabien, codinome de Pierre Georges, herói comunista da Resistência Francesa. Coerentemente, nessa praça fica a sede geral do Partido Comunista Francês, num prédio moderno projetado por Oscar Niemeyer e construído entre 1968 e 1971.

Para voltar ao centro de Paris, pegue o metrô na estação mais próxima Colonel-Fabien.

Onde comer
② À LA BIÈRE
104, avenue Simón-Bolívar, 19º *arr.*;
tel.: 01 42 39 83 25; diariamente, 12h-15h e 19h-1h30; €
Simpática *brasserie* de esquina, com esmerado cardápio a preço fixo razoável.

PARIS NORDESTE

Pegue um barco, bicicleta ou caminhe subindo o Canal até uma área ainda menosprezada de Paris, cheia de atrações tanto para crianças como para adultos: museu de ciência, cinema em 3-D, submarino, museu de música, belíssimos parques e vistas espetaculares da cidade.

O roteiro começa seguindo o Canal St.-Martin desde a **place de la Bastille** ❶ até o nordeste de Paris. Chegue cedo e tome um barco Canauxrama (tel.: 01 42 39 15 00; <www.canauxrama.com>; entrada paga), ou vá de bicicleta ou a pé subindo os caminhos de sirga (há um roteiro próximo à place de la République, onde o Canal cruza a rue du Faubourg-du-Temple).

DISTÂNCIA 9 km
DURAÇÃO Um dia inteiro
INÍCIO Place de la Bastille
FIM Parc des Buttes-Chaumont
OBSERVAÇÕES
Se quiser seguir pela margem do Canal de bicicleta, pegue uma, grátis e de propriedade da cidade, da Vélib' (ver p. 12) na place de la Bastille ou na place de la République.

CRUZEIRO PELO CANAL

Se for de barco, o cruzeiro de 2h30 começa no **Arsenal Marina** ❷ (outrora um movimentado porto comercial), no n. 50 do boulevard de la Bastille. Saídas diariamente às 9h45 e 14h30, guiadas em francês e inglês. Acomode-se no convés superior para apreciar melhor o panorama, e não se esqueça de levar um agasalho porque pode fazer frio. (Os passeios também são feitos no sentido contrário, do Bassin de la Villette até a Bastilha.)

Passando pelo subterrâneo
Napoleão mandou fazer o Canal para melhorar o abastecimento de água da cidade e assim conquistar a simpatia dos cidadãos; na época, a média de consumo diário era de 1 litro por pessoa, hoje é de 200 litros.

Na place de la Bastille, o Canal passa por baixo da praça e surge de novo, depois da **place de la République** ❸. Ao atravessar por baixo da cidade, você segue por uma faixa do Canal que é iluminada por pontos de luz na calçada

Point-Éphémère
No Canal St.-Martin, fica um dos principais pontos de cultura alternativa da cidade, o Point Éphémère (200, quai de Valmy, tel.: 01 40 34 02 48). O antigo armazém dos anos 1930 foi transformado em estúdios de artistas, um clube, estúdios de música, uma galeria e um café. Outro excelente café no quai de Valmy é o Chez Prune, ver 🍴①.

Onde comer

① **CHEZ PRUNE**
71, quai de Valmy, 10º *arr.*;
tel.: 01 42 41 30 47; diariamente; €
Veja o que se passa ao seu redor neste expoente do elegante Canal St.-Martin no 10º *arr.* Comida reforçada no almoço e refeições leves, como tapas, por exemplo, à noite.

À esquerda: eclusa do Canal.

Acima, a partir da esquerda:
às margens do Canal St.-Martin; o velho prédio do mercado La Villette.

que deixam passar claridade até a água lá embaixo.

Os diferentes tons da argamassa indicam até onde foi feito o trabalho de restauração; desde a construção do Canal, a área da parte superior nunca foi restaurada.

Hôtel du Nord

No **quai de Valmy** e no **quai de Jemmapes**, você encontra árvores e jardins num panorama parisiense peculiar, intercalando pontes de ferro para pedestres com eclusas do séc. XIX. Na margem direita, fica o **Hôtel du Nord** ❹, que inspirou, em 1938, o filme de mesmo nome dirigido por Marcel Carné; hoje é um agradável bar-bistrô. No fim da tarde, há apresentação de comédias em inglês às quais se assiste de pé.

Atrás dele fica o **Hôpital St.-Louis** ❺, construído a partir de 1607 para vítimas da peste que, até então, eram alojadas, de quarentena, em barracas longe da cidade. Ao lado, na rue de La Grange-aux-Belles, há dois famosos cafés *chanson* para uma noitada de vinho e música, Chez Adel (no n. 10) e Apostrophe (no n. 23).

Rotonde de la Villette

Indo para o norte, na place de Stalingrad, você chega à **Rotonde de la Villette** ❻, um dos postos de pedágio mais bem projetados por Claude Nicholas Ledoux, hoje local de exposições. Ela marca o início do **Bassin de la Villette**, construído para Napoleão em 1808 e hoje cercado de cinemas novos e elegantes, antigos armazéns belíssimos e alguns edifícios muito altos e sem graça dos anos 1960 e 1970. Em autêntico estilo pós-industrial, alguns armazéns foram recuperados por cooperativas de artistas para servirem de estúdios.

Na parte superior do Bassin, encontra-se uma original peça da engenharia do séc. XIX: uma ponte levadiça hidráulica, a **Pont de Crimée** ❼. De-

PARC DE LA VILLETTE

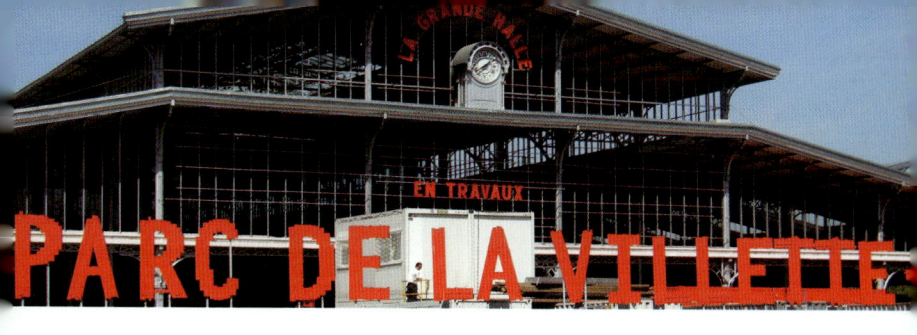

pois do porto, fica o Parc de La Villette, onde o Canal se divide em Canal de l'Ourcq e Canal St.-Denis. Aqui acaba o passeio de barco.

PARC DE LA VILLETTE

O **Parc de la Villette** ❽ (avenues Corentin-Cariou e Jean-Jaurès; tel.: 01 40 03 75 03; <www.villette.com>; diariamente, 10h-19h; entrada franca) foi criado em 1986 como um dos *grands projets* de François Mitterrand (*ver p. 30*), numa área de 50 ha, onde ficava o antigo mercado de carnes.

Géode

À esquerda do Canal fica o **Géode** ❾, uma esfera de aço polido que mais parece provir do espaço sideral. Dentro, o teatro hemisférico possui uma das maiores telas do mundo e assentos inclinados. Os filmes são feitos especialmente para essa tela enorme, muitos deles sobre ciências naturais.

Cité des Sciences

A **Cité des Sciences et de l'Industrie** ❿ (tel.: 01 40 05 70 00; <www.cite-sciences.fr>; 3ª-sáb., 10h-18h; dom., 10h-19h; entrada paga, exceto para exposições no andar térreo do hall principal), ou museu da ciência, foi criada pelo arquiteto Adrien Fainsilber a partir do arcabouço de um matadouro inacabado.

Na parte de dentro, há muito que ver, especialmente para crianças (de todas as idades): experimente o simulador de mochila-jato para astronautas em assentos ejetáveis; tenha a sensação de náusea ou de ausência da gravidade no espaço; adestre-se num simulador de voo e faça experiências utilizando espelhos, eletricidade e truques de perspectiva. Há também exposições sobre as origens da vida, o mundo submarino, a vida vegetal e até animais robóticos num zoológico cibernético.

O **Planetarium** apresenta vários programas por dia, que cobram uma taxa extra: compre seus ingressos ao chegar, porque acabam logo.

O parque

O parque em si é o maior de Paris, estendendo-se por mais de 35 ha. Foi projetado pelo arquiteto-paisagista Bernard Tschumi com 11 jardins, cada qual com um tema diferente. As crianças vão apreciar o Jardim do Dragão, o Jardim dos Ventos e o Jardim dos Medos da Infância, que tem uma atmosfera de contos de fada, cores sombrias e um atraente sistema de som. Os adultos talvez prefiram a sutileza do Jardim das Sombras e a beleza do Jardim dos Bambus.

No verão, o imenso gramado é um ótimo lugar para se sentar e curtir um piquenique. É possível também assistir a um filme ao ar livre, numa enorme tela inflável, rodeada pelas luzes da cidade.

No primeiro sábado do mês, de abril a outubro, há uma visita de duas horas pelo parque, com guia em francês (15h, em frente da Folie Information Villette; Mº Porte-de-Pantin; entrada franca para crianças até 12 anos). Reservas com uma semana de antecedência para visita com guia em inglês: (tel.: 01 40 03 75 64).

Em certos lugares do parque, encontram-se construções de aço colorido de vermelho, que são versões contemporâneas das extravagâncias da arquitetura francesa do séc. XVIII. Cada uma tem um aspecto peculiar e é de-

Cité des Enfants
A Cité des Enfants do Parc de la Villette tem muitas diversões e atrações interativas para crianças; as áreas são divididas de acordo com a idade (3-5 e 5-12 anos).

Acima, a partir da esquerda: Parc de la Villette; barco da Cité des Sciences (esquerda) e atrações interativas (direita); Guignols, Parc des Buttes-Chaumont.

Musée de la Musique
Entre os destaques deste excelente acervo, violinos Stradivarius, trombetas Johann Wilhelm Has, e instrumentos que pertenceram aos compositores Fauré, Berlioz e Chopin. Existe ainda uma orquestra Javanesa Gamelan completa.

dicada a uma atividade especial; a Folie Argonaute conduz a um submarino de verdade, que chegou através do Canal de l'Ourcq.

Zénith

Próximo à ponte norte, encontra-se uma enorme tenda cinza de aspecto pesado, o **Zénith**, sala de concertos que comporta 6.300 pessoas sentadas e é mais conhecido como o cenário florescente do *rap* em Paris. Do lado oposto, um circo *new wave* se apresenta sob a grande cobertura do **Espace Chapiteaux**.

No lado leste do Canal, fica **La Grande Halle**, ótimo exemplo da arquitetura em ferro do séc. XIX. Até 1974, foi o local do mercado nacional da carne, mas, com a chegada da refrigeração moderna, tornou-se obsoleto por falta de projeto eficiente – os bois não conseguiam subir os degraus – e foi transformado em local de exposições. Os *shows* vão desde o prestigioso e muitas vezes discutível *show* de arte contemporânea Paris Biennale até a Feira de Arquitetura Internacional e a desfiles de moda. Perto dali, fica a **Maison de la Villette**, com uma exposição permanente sobre a história do parque.

Cité de la Musique

No extremo sudeste do parque, fica a **Cité de la Musique**. Projetada pelo arquiteto Christian de Portzamparc, o complexo inclui o **Musée de la Musique** (tel.: 01 44 84 45 00; <www.cite-musique.fr>; 3ª-sáb., 12h-18h; dom., 13h-18h; entrada paga) e um elegante café, ver ¶②.

O museu mostra o desenvolvimento da música clássica, do *jazz* e da música popular, e possui um impressionante acervo de mais de 4.500 instrumentos musicais. Do outro lado da Grande Halle, fica o Conservatório de Portzamparc, uma escola de música e dança, onde há concertos com excelentes músicos.

CIMETIÈRE DE LA VILLETTE

Ao sair da Cité de la Musique e do Parc de la Villette, atravesse a avenue Jean-Jaurès (talvez fazendo uma refeição na *valhala* do gastrônomo, **Au Bœuf Couronné**, ver ¶③, ou no **Le Local Rock**, ¶④). Não esqueça que existe um bicicletário (Station Vélib') na avenue Jean-Jaurès.

Desça a Sente des Dorées e depois pegue a segunda à direita, até a rue

---

Onde comer

② CAFÉ DE LA MUSIQUE
213, place de la-Fontaine-aux-Lions, 19º *arr.*; tel.: 01 48 03 15 91; fecha 2ªs; €€
Restaurante agradável com atraente terraço no verão, na entrada do Parc de la Villette. Mistura de *nouvelle cuisine* e preços normais de *brasserie*.

③ AU BŒUF COURONNÉ
188, avenue Jean-Jaurès, 19º *arr.*; tel.: 01 42 39 54 54; fecha dom.; €€
Ótimo restaurante do outro lado da rua, onde ficava o mercado de carnes (agora Conservatório de Música). Especialidades: carnes; todos os tipos de bife, osso com tutano e *tête de veau*. Não indicado para gente sensível.

④ LE LOCAL ROCK
206, avenue Jean-Jaurès, 19º *arr.*; tel.: 01 42 08 06 65; fecha dom.; €
Bistrô simples, com comida farta e decoração *kitsch*.

⑤ RESTAURANT L'HERMÈS
23, rue Mélingue, 19º *arr.*; tel.: 01 42 39 94 70; fecha dom. e 2ªs; €€
Restaurante com excelente serviço bem ao sul do Parc des Buttes-Chaumont. Bons pratos com tempero do sudoeste.

Manin, para uma caminhada até o Parc des Buttes-Chaumont.

Continue reto e pegue a rue d'Hautpoul, à direita, que vai dar no **Cimetière de la Villette** ⓫. Ao transpor seu monumental pórtico, você depara com uma espécie de miniversão do cemitério do Père Lachaise, com magníficos túmulos do séc. XIX situados à sombra de um frondoso arvoredo.

PARC DES BUTTES-CHAUMONT

O **Parc des Buttes-Chaumont** ⓬ (diariamente, de 7h30 ao pôr do sol; entrada franca), um dos mais agradáveis parques de Paris, foi construído pelo barão Haussmann nos anos 1860, no local onde havia um depósito de lixo e uma pedreira de gesso. O chão irregular criou o cenário perfeito para um terreno acidentado e ajardinado, onde foi feito um lago em torno de uma "montanha" artificial de 50 m; no topo, há um templo em estilo romano, com cachoeira e uma caverna com falsas estalactites. Há opções de patinação no gelo, barcos de remo e a vela, passeios em burrinhos, além do teatro de marionetes ao ar livre, atração popular que existe há mais de 150 anos (quando o tempo está bom, há espetáculos às 4as, às 15h30 e aos sáb. e dom., às 16h).

Igreja Russa

No setor oeste do parque, perto do lugar por onde você entrou, encontra-se a fascinante igreja russa de **St.-Serge de Radogène** ⓭ (<www.saint-serge.net>; horário variável; entrada franca). O acesso é pelo n. 93 da rue de Crimée. Construída em 1861 para o culto protestante, foi adquirida pela Igreja Ortodoxa Russa em 1924 a fim de acolher imigrantes fugidos da Revolução Russa. O elegante pórtico de madeira data dessa ocasião. No interior, existem ícones, candelabros e afrescos maravilhosos com cenas da arca de Noé, da sarça ardente e outras histórias.

DE VOLTA AO CENTRO DE PARIS

Para voltar à cidade, há o metrô Buttes-Chaumont ou Botzaris, ou o ônibus 75, que vai até o Centre Pompidou e o Hôtel de Ville. O ônibus sai da place de la Porte-de-Pantin, perto da saída do Parc de la Villette, mas tem vários pontos de parada em torno do Parc des Buttes-Chaumont; porém, só funciona até aproximadamente 20h30.

Se quiser jantar no bairro, procure o **Restaurant Hermès**, ⑪⑤.

Acima: Saint-Serge.

Abaixo: vista aérea do Parc des Buttes-Chaumont.

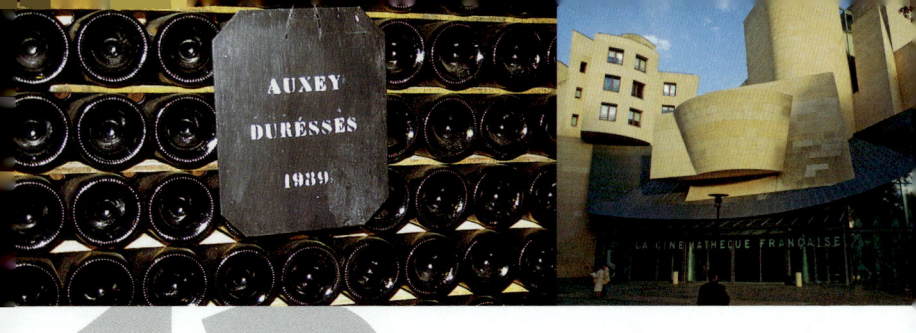

BERCY E VINCENNES

Siga pela belíssima alameda ajardinada que corre sobre um antigo viaduto de estrada de ferro, em direção ao bairro de Bercy. Visite o Bois de Vincennes ou então o antigo centro de comércio de vinhos, com seus bares, cafés, cinemas e parque.

DISTÂNCIA 7,25 km
DURAÇÃO Meio dia
INÍCIO Opéra de la Bastille
FIM Parc de Vincennes ou Bercy
OBSERVAÇÕES Do Parc de Vincennes, a melhor estação de metrô é a Porte Dorée. Da Cour St.-Émilion, há a linha de metrô Météor (n. 14), a primeira a ser construída desde 1935, com automação.

Cinema em Bercy
Vazio durante anos, o American Center, projetado por Frank Gehry, transformou-se enfim em sede da Cinémathèque Française (51, rue de Bercy; tel.: 01 71 19 33 33; <www.cinematheque francaise.com>; diariamente, exceto às 3ªs); ver o *site* para os horários): além de espaço para cinema de arte, tem um museu e um arquivo do filme. No extremo leste do parque em Bercy, fica outro cinema, o Ciné Cité, com 18 salas.

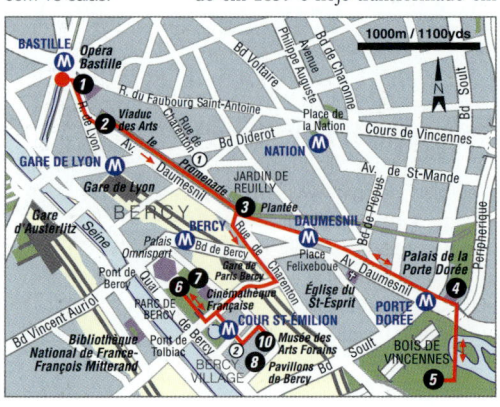

Da **Opéra National de la Bastille** ❶, desça a rue de Lyon e pegue a avenue Daumesnil à esquerda. Logo depois há uma escadaria com uma placa indicando a Promenade Plantée. Lá em cima, começa a caminhada pelo antigo viaduto de estrada de ferro, construído em 1859 e hoje transformado em jardim, com uma sequência de arcos de ferro lavrado, rosas, árvores e arbustos onde antigamente as locomotivas a vapor passavam resfolegando.

Embaixo dos arcos, no **Viaduc des Arts** ❷ (15-121, avenue Daumesnil), ficam as lojas dos artistas-joalheiros, de arquitetos-*designers* e até de um fabricante de cornetas (de chifre) para caça, mantendo a tradição de artesãos do bairro. No final da caminhada, fica o **Jardin de Reuilly** ❸ com sua lagoa, cachoeira e ponte de madeira. Um pouco antes do jardim, está o **Comme Cochons**, ver ⑪①, na rue de Charenton.

A essa altura, você tem de optar: ou continua pela avenue Daumesnil, em direção a um notável aquário e ao Bois de Vincennes, com lagos, castelo e zoológico, ou segue na direção sul até o Parc de Bercy e Bercy Village, onde adegas foram transformadas num dinâmico ponto de restaurantes e bares.

BOIS DE VINCENNES

Para ir ao Bois de Vincennes, continue pela avenue Daumesnil, passe pela estranha Église du St.-Esprit no n. 186 (autêntica cópia dos anos 1920 da Hagia Sophia de Istambul), até o **Palais de la Porte Dorée** ❹ (tel.: 01 44 74 84 80; <www.palais-portedoree.org>; 4ª-dom., 10h-17h15; entrada paga), do lado esquerdo, no n. 293. O ex-Musée des Arts d'Afrique et d'Océanie, cujo acervo foi transferido para o quai Branly (ver p. 38), tem também um extraordinário aquário no subsolo, com piranhas, peixes-elétricos e crocodilos.

Bois de Vincennes e Parc Floral
Continue na avenue Daumesnil até o **Bois de Vincennes** ❺ (tel.: 01 43 28 41 59; <www.boisdevincennes.com>; diariamente, do nascer ao pôr do sol; entrada franca), a maior área verde de Paris. Entre as atrações, remo e vela, ciclovias, um templo budista, zoológico, pista de corrida, campo de beisebol e o Théâtre de la Cartoucherie. O **Parc Floral** (dentro do bosque; entrada paga) promove, no verão, concertos clássicos e de *jazz* nos fins de semana, além de oferecer área para piquenique, *playground* e minigolfe.

Château de Vincennes
Na extremidade norte do parque fica o **Château de Vincennes** (tel.: 01 48 08 31 20; <www.monum.fr>; set.-abr.: diariamente, 10h-12h e 13h15-17h, e, no resto do ano, até 18h; entrada paga), concluído por Carlos V em 1370. Ao longo dos séculos, passou de palácio a prisão, fábrica de porcelana e arsenal. Napoleão III deu início a uma grande reforma, mas o castelo sofreu muitas avarias durante a Segunda Guerra Mundial. Agora restaurado, abriga um museu.

BERCY

Para ir a **Bercy Village**, mantenha-se à direita depois do Jardin de Reuilly até a rue de Charenton, e vire à direita em direção à rue Prudhon. Siga o antigo caminho da ferrovia, passe a igreja e continue até o **Parc de Bercy** ❻ (no verão: 2ª-6ª, 8h-21h, sáb.-dom., 9h-21h; no inverno: 2ª-6ª, 8h-17h30, sáb.-dom., 9h-17h30; entrada franca).

A oeste do parque, fica o novo e horrendo Ministère de l'Économie et du Budget e o Palais Omnisports, um estádio com 17 mil lugares, destinado a desde jogos de basquete até ópera e festivais de rock. Ainda no recinto do parque fica a **Cinémathèque Française** ❼ (ver à esquerda).

Bercy Village
Até os anos 1980, o vinho transportado por barcaças era descarregado em Bercy. Quarenta e dois *chais* (armazéns de vinho) foram restaurados e reabertos como restaurantes, bares para degustação de vinhos e lojas; alguns foram transformados nos **Pavillons de Bercy** ❽, como o **Musée des Arts Forains** ❾ (visitas com hora marcada, tel.: 01 43 40 16 22), local para música ao ar livre e salões de carnaval veneziano. Prove o **Chai 33**, ver 🍽②.

Acima, a partir da esquerda:
garrafas de vinho ilustram o passado de Bercy; Cinémathèque de Paris; flores no Parc Floral; Estádio de Bercy.

"Nouvelle" Rive Gauche
No lado oposto a Bercy, na chamada "Nouvelle" Rive Gauche, fica a Bibliothèque Nationale de France – François Mitterrand. Inaugurada em 1997, custou mais de 1 bilhão de dólares, e sua manutenção é mais cara que a do Louvre. Suas quatro torres de vidro de 90 m de altura foram planejadas para dar a impressão de livros abertos. A região tornou-se ponto de bares e cafés atraentes.

Onde comer

① COMME COCHONS
135, rue de Charenton, 12º arr.; tel.: 01 43 42 43 36; €€
Simpático bistrô de bairro. Almoço farto com pratos tradicionais como o *bœuf bourguignon* e a *tarte tatin*.

② CHAI 33
33, cour St.-Émilion, 12º arr.; tel.: 01 53 44 01 01; <www.chai33.com>; €€
Restaurante criativo num antigo empório de vinho. Escolha seu vinho entre seis tipos, desde o leve, com uma refeição ligeira, até o suave e encorpado, com a esmerada combinação de várias tradições culinárias. *Sommeliers* discretos ajudam na escolha.

14 PARIS OESTE

Esta é uma área nobre e afastada dos itinerários turísticos. Como atrações, há lindos parques, arquitetura art nouveau *e moderna, a casa de Balzac, museus do vinho e a arte dos impressionistas.*

DISTÂNCIA 3,5 km
DURAÇÃO Um dia inteiro
INÍCIO Estação do metrô Passy
FIM Musée Marmottan ou o Bois de Boulogne (*ver abaixo*)
OBSERVAÇÕES Se você terminar o passeio depois do Musée Marmottan, pegue o metrô em La Muette; se continuar até o Bois de Boulogne, o metrô fica em Porte Dauphine (para o norte) e Porte d'Auteuil (para o sul).

O 16º *arrondissement* é uma extensa área a oeste de Paris, onde há muitas residências elegantes de moradores abastados. Bem ao lado (embora fora do Periférico), fica o Bois de Boulogne, uma área de 860 ha com amplos bosques e jardins, projetada pelo barão Haussmann. Talvez seja esta uma das razões pelas quais o 16º *arrondissement* é tão apreciado pelos parisienses; a avenue Foch, considerada a rua residencial mais cara da capital, vai direto até os seus portões.

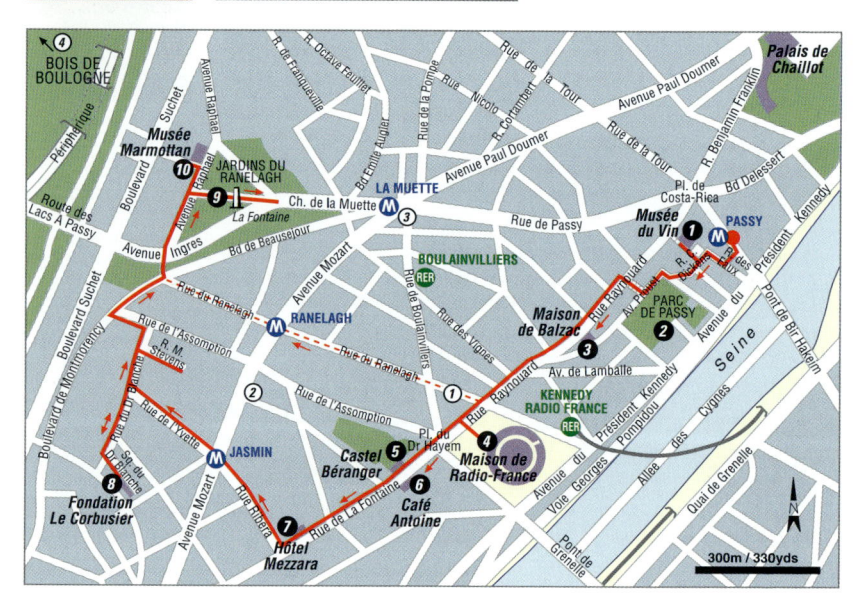

82 PARIS OESTE

MUSÉE DU VIN

Pegue o metrô até Passy e, ao sair da estação, vire à direita e desça a escada. Depois vire de novo à direita, e à direita uma terceira vez, em direção à rue des Eaux. Essa rua deve seu nome às fontes de água mineral que as pessoas lá buscavam para tratar a anemia, na época em que Passy era um vilarejo. Ironicamente, no final da rua, na place Charles-Dickens, fica o **Musée du Vin** ❶ (tel.: 01 45 25 63 26; <www.museeduvinparis.com>; 3ª-dom., 10h-18h; entrada paga).

Lá estão as adegas de um mosteiro produtor de vinho, destruído durante a Revolução Francesa, nas quais se pode hoje acompanhar o processo de produção da bebida. Há também degustação e um restaurante (só para almoço), com vinhos selecionados para cada prato.

Assim que sair do museu, vire à direita em direção à rue Charles-Dickens e vá ao modesto **Parc de Passy** ❷. Depois de se refazer dos efeitos do vinho que talvez tenha tomado no museu, suba os degraus em direção ao lado norte do parque até a rue Raynouard e vire à esquerda.

MAISON DE BALZAC

À esquerda, no n. 47, fica a **Maison de Balzac** ❸ (tel.: 01 42 24 56 38; <www.paris.fr/musees>; 3ª-dom., 10h-18h; entrada franca). O escritor Honoré de Balzac (1799-1850), que se considerava um "escravo da pena e da tinta", viveu aqui incógnito por sete anos, a partir de 1840 (sob o nome de Monsieur Breugnol, personagem de seus romances), para fugir dos credores. Na modesta mesa de seu quarto, redigiu dia e noite *La Comédie Humaine* [*A Comédia Humana*], colossal obra de 91 romances e contos com milhares de personagens inter-relacionadas.

Um cômodo é dedicado a Madame Hanska, rica viúva russa que manteve correspondência com Balzac durante 18 anos, insistindo para que se casassem e sempre oferecendo ajuda financeira. Só conseguiu tornar-se esposa do escritor 5 meses antes da morte dele.

RADIO FRANCE

Siga na mesma direção pela rue Raynouard até a **Maison de Radio-France** ❹ (entrada do lado extremo, pelo n. 116, avenue du Président-Kennedy; tel.: 01 56 40 15 16; <www.radiofrance.fr>; diariamente, exceto dom., só com reserva; entrada paga), a casa orwelliana da rádio nacional e seus escritórios foram inaugurados em 1963.

ROTEIROS ALTERNATIVOS

Nessa altura, é preciso optar. Para chegar rápido ao Musée Marmottan (*ver p. 85*), vire à direita e ande até a rue du Ranelagh, passando por **L'Antenne**, ver ❾❶. No final da rua, entre pela galeria, vire à direita e atravesse na faixa de pedestres, em direção aos

Acima, a partir da esquerda:
entrada da Maison de Balzac; placa de rua evocando o passado, quando no local havia uma fonte; busto do romancista no antigo jardim; o portão da frente.

O que o escritor bebia
Para manter-se acordado, Balzac tomava cerca de 40 xícaras de café por dia, e seu desgastado bule está exposto em um dos aposentos da Maison de Balzac. Do lado de fora, existe um belo jardim, com lugares para sentar, áreas cobertas e excelentes vistas da cidade.

Onde comer

❶ **L'ANTENNE**
38, rue du Ranelagh, 16º *arr.*; tel.: 01 42 88 94 16; €€
Brasserie despretensiosa (uma raridade no local), com pratos simples tradicionais como aspargos frescos, bife *entrecôte* e torta de limão.

Jardins du Ranelagh. O museu fica à esquerda, no fim da avenue Raphaël.

Se quiser caminhar por uma hora para ver ótimos exemplos das arquiteturas *art nouveau* e moderna, suba a rue La Fontaine.

CIRCUITO DA ARQUITETURA

Art nouveau

Na rue La Fontaine estão os melhores exemplos de arquitetura *art nouveau* da cidade, criados por Hector Guimard, autor também das esplêndidas marquises das estações de metrô, como a de Abbesses (*ver p. 65*). À direita, no n. 14, fica o extraordinário **Castel Béranger** ❺ (*ver à esquerda*). Guimard também projetou os prédios mais modestos nos nn. 19 e 21, e o pequeno **Café Antoine** ❻ no n. 17, à esquerda. Mais acima, no n. 60, fica o **Hôtel Mezzara** ❼, cujo maravilhoso interior chega a ofuscar o brilho das exposições (entrada franca) que ele promove.

Logo a seguir, vire à direita até a rue Ribera. Ao chegar à avenue Mozart, há vários lugares para almoço (inclusive o **Bo Zinc**, ver ⑪②), antes de seguir direto pela rue de l'Yvette.

Modernismo

No alto da rua, fica a rue du Dr.-Blanche, onde existem dois exemplos da arquitetura moderna. Primeiro, vire à esquerda para a square du Dr.-Blanche e a **Fondation Le Corbusier** ❽ (*ver abaixo*), à esquerda. Depois, vire à direita e, do lado direito, fica a rue Mallet-Stevens, quase toda de casas feitas por Robert Mallet-Stevens (1886-1945). A casa de n. 10, com um vitral ladeando a escada, é muito bonita.

Castel Béranger
Esta criação *art nouveau* foi a primeira encomenda para a qual Hector Guimard projetou tudo: os pisos de mosaico, papéis de parede e até mesmo os aquecedores. Observe os cavalos-marinhos verdes subindo pela fachada e os rostos na sacada, um suposto autorretrato inspirado em figuras japonesas para afastar espíritos malignos. Apesar da pródiga decoração, o Castel Béranger foi construído para ser uma hospedaria barata.

Le Corbusier

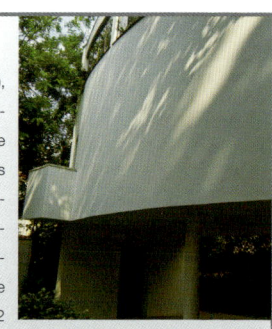

Embora Charles-Édouard Jeanneret (1887-1965), conhecido como Le Corbusier, tenha desenvolvido sua tendência modernista no intuito de melhorar as condições de vida dos moradores das cidades superpovoadas, foi ele muito criticado por incitar a construção de grupos de prédios altos circundados por terras nuas descaracterizadas. Porém, as duas casas vizinhas que constituem a Fondation Le Corbusier (tel.: 01 42 88 41 53; www.fondationlecorbusier.asso.fr); 2ªs, 13h30-18h, 3ª-5ª, 10h-12h30 e 13h30-18h, 6ªs até 17h, sáb. 10h-17h; entrada paga) mostram quão elegantes e leves suas construções podem ser. Na parte interna, há espaço para expor seus desenhos, projetos, mobiliário e quadros (no estilo de Picasso). Pode-se também visitar o apartamento ocupado por Le Corbusier de 1933 a 1965 no vizinho Immeuble Molitor (24, rue Nungesser et Coli, 16º *arr.;* 4ªs, 9h-12h, sáb., 14h-17h).

Siga na direção norte, suba a rue du Dr.-Blanche e vire primeiro à esquerda na rue de l'Assomption, e depois à direita no boulevard de Montmorency. Logo à esquerda, fica um discreto caminho que dá na avenue Ingres. Vire à direita e, depois da faixa de pedestres, estão os **Jardins du Ranelagh** ❾, um atraente parque para crianças, que conserva antigos carrosséis, inclusive um delicioso que gira à corda.

MUSÉE MARMOTTAN

A oeste dos jardins, na esquina da rue Louis-Boilly, no n. 2, fica o **Musée Marmottan** ❿ (tel.: 01 42 24 07 02; <www.marmottan.com>; 3ª-dom., 10h-18h; entrada paga), que oferece uma incomparável visão da trajetória artística de Claude Monet (1840-1926). Na galeria do andar inferior, você começa com *Impression, soleil levant*, que deu ao movimento impressionista seu nome. Os temas de Monet evoluem até suas últimas telas quase abstratas de *Les Nymphéas*.

Graças a outras contribuições, os contemporâneos de Monet também estão bem representados. No primeiro andar há obras de Pissarro, Renoir, Manet, Morisot, Caillebotte e Gauguin. No térreo, sem muita coerência, existe um lindo mobiliário datado do Primeiro Império e um setor de manuscritos medievais com iluminuras.

PARQUES E JARDINS

Quase ao término do itinerário, há duas possibilidades: retornar pelos jardins do Ranelagh em direção aos cafés e à estação do metrô, ou dar uma volta pelo imenso **Bois de Boulogne** (24 horas; entrada franca) no sentido oeste depois do Musée Marmottan.

Para a primeira opção, retorne em direção à cidade pela chaussée de la Muette. No caminho, está a **estátua de La Fontaine**, com a raposa e o corvo de uma de suas fábulas, e, à saída do parque, à direita, o alegre **La Gare**, ver ⑪③.

Bois de Boulogne

Para a segunda opção, se estiver um agradável fim de tarde de verão, vale a pena comer no **Le Chalet des Îles**, ver ⑪④. Caso contrário, vá a **Les Serres d'Auteuil**, na direção sul (próximo do estádio Roland Garros). Essas românticas estufas de plantas, inauguradas em 1895, apresentam exposições sazonais de orquídeas e begônias, bem como um pavilhão tropical com palmeiras, pássaros e um lago com carpas japonesas.

Acima, a partir da esquerda: caracteres modernistas; casa projetada por Mallet-Stevens na rua de mesmo nome; aldraba de porta no Musée Marmottan; *Impression, soleil levant*, de Monet.

De bicicleta
Uma das melhores maneiras de conhecer o Bois de Boulogne é de bicicleta. Pegue uma emprestada pelo esquema da Vélib' (ver p. 12); existem pontos de retirada perto dos portões principais do parque.

Onde comer

② BO ZINC
59, avenue Mozart, 16º *arr.*; tel.: 01 42 24 69 05; €€
Talvez o atendimento seja meio lento, mas o almoço simples com uma saborosa *tartine* ou salada, seguida pela *crème brûlée* de sobremesa, é muito gostoso neste moderno bistrô de esquina.

③ LA GARE
19, chaussée de la Muette, 16º *arr.*; tel.: 01 42 15 15 31; diariamente; €€
Antiga estação de trem, cuja bilheteria se transformou em bar e as plataformas, em salas de jantar. A qualidade e o preço da comida são surpreendentes para o altivo 16º arr.

④ LE CHALET DES ÎLES
Lac Inférieur, Bois de Boulogne, 16º *arr.*; tel.: 01 42 88 04 69; <www.lechaletdesiles.net>; 3ª-dom. (dom., só almoço); €€€
Um passeio rápido de barco até a ilha dos dois lagos, no extremo norte do parque, leva a este lindo chalé, trazido da Suíça por Napoleão III para sua esposa. Cenário deslumbrante.

LA DÉFENSE

Com um nome que evoca a resistência contra os prussianos em 1870, La Défense é hoje um setor comercial sob a égide do Grande Arche, concluindo o Eixo Real que liga o Louvre, as Tuileries, os Champs-Élysées e o Arc de Triomphe.

DISTÂNCIA 500 m
DURAÇÃO 3 horas
INÍCIO Les Quatre Temps Shopping Center, La Défense
FIM Grande Arche
OBSERVAÇÕES
Pegue a linha A do RER ou a linha 1 do metrô até La Défense-Grande Arche, onde uma saída da estação já desemboca no centro comercial Les Quatre Temps. As portas de entrada do Grande Arche estão indicadas.

Qual o significado do nome?
La Défense tem o nome da escultura de bronze, obra de Louis-Ernest Barrias (1841-1905), que foi erguida nesse local em 1883 para comemorar a defesa de Paris contra o exército prussiano em 1870.

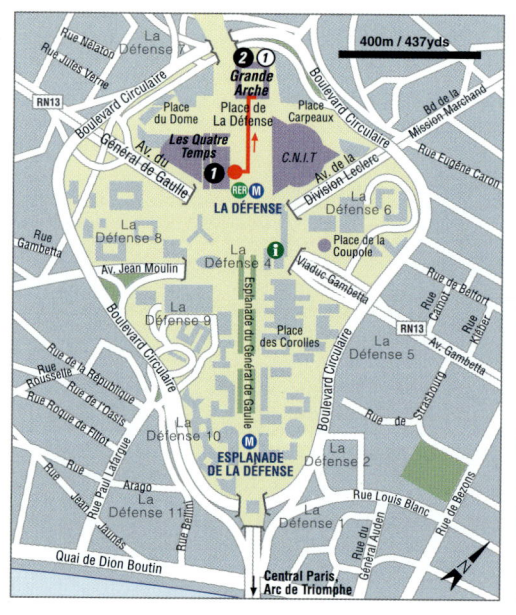

La Défense passou a distrito comercial em 1958, mas só nos anos 1980 seu destino ficou definido. Hoje, mais de 150 mil pessoas trabalham lá e acima de 70% das 20 principais companhias francesas, bem como uma dúzia das 50 empresas mais importantes do mundo, têm aqui sua sede principal. E embora La Défense tenha sido oficialmente concluída em 1988 após 20 anos de trabalho, muitos dos prédios originais já estão sendo substituídos por construções mais modernas. Novos acréscimos incluem uma torre de 40 andares, com projeto de Pei Cobb Freed, e uma igreja, projetada por Franck Hammoutène.

GRANDE ARCHE

Há uma saída do metrô que dá no *shopping center* **Les Quatre Temps** ❶, ponto comercial de roupas, aparelhos eletrônicos e alimentos.

Para chegar ao exterior, observe indicações para a **Grande Arche** ❷ (tel.: 01 49 07 27 57; <www.grandearche.com>; diariamente, 10h-19h, último elevador às 18h30; entrada paga). Mais que qualquer outro edifício, foi este enorme mastodonte, projetado pelo arquiteto dinamarquês Johan Otto von Spreckelsen, que tornou La Défense conhecida e a transformou em símbolo da "visão progressista dos anos 1980" de François Mitterrand.

Eixo Real e estatística impressionante

A partir dos degraus do arco, pode-se seguir o Eixo Real (*ver p. 30*), que vai direto até o Arc de Triomphe de l'Étoile, continua pelos Champs-Élysées e Tuileries e termina no Arc de Triomphe du Carrousel e no Louvre.

Inexplicavelmente, o arco está posicionado a 6,33 graus fora do eixo dessa linha. Julga-se que isso está relacionado com a posição da Pirâmide do Louvre (também desalinhada), ou então que é para enfatizar a profundidade da estrutura, visto que, a partir da parte frontal, ele pode parecer bidimensional. Na verdade, parece que isso se deve simplesmente à má colocação dos alicerces.

O tamanho do arco é simbólico, medindo 100 m x 100 m, as mesmas dimensões da Cour Carrée do Louvre.

O arquiteto também respeitou o padrão de outros arcos de Paris: o Arc de Triomphe du Carrousel tem 25 m de altura, o Arc de Triomphe de l'Étoile mede 50 m e, por isso, o Grande Arche mede 100 m. Para ter ideia de sua grandeza, com seus 106 m de largura, a estrutura pode conter, no seu bojo, toda a catedral de Notre-Dame.

Subida até o alto

Vale a pena subir até lá em cima: duas bolhas de vidro levam rapidamente os visitantes até o topo em velocidades estonteantes, através da "nuvem" simbólica, uma rede de aniagem suspensa entre as torres gêmeas e projetadas para diminuir a resistência do vento. No terraço do telhado, a *Carte du Ciel*, do artista Jean-Pierre Raynaud, assemelha-se a um enorme relógio de sol. No 35º andar existe a opção entre o café da manhã tardio ou o almoço, ver 🍴❶.

PARQUE DA ESCULTURA

Se o tempo estiver bom, comece a descer a esplanada desde o Grande Arche e observe as diversas esculturas aí existentes. Há mais de 70 obras de consagrados artistas, como Miró, César e Calder.

Onde comer 🍴

❶ **RESTAURANT Ô110**
35º andar, Grande Arche; tel.: 01 49 07 27 32; diariamente, 10h-16h30; €€
Típico da maioria dos restaurantes desta área, o Ô110 oferece, sobretudo a uma multidão de homens de negócios, um cardápio agradável e moderno. Mas sua localização, a 110 m de altura e dentro do próprio arco, já é suficiente para essa escolha.

Acima, a partir da esquerda: Les Quatre Temps; o Grande Arche; lago ornamental; "nuvem" simbólica embaixo do arco.

Homem-aranha
Em 1999, Alain "Homem-aranha" Robert escalou o arco pela face externa, usando apenas as mãos e os pés nus, sem nenhum tipo de equipamento de segurança – prática bastante condenável. O arco também foi protagonista em 2004 do filme *Godzilla: Final Wars* [*Batalhas Finais*], no qual ele é destruído por um inseto gigante, Kamacuras.

Ao lado: *Shopping center* Les Quatre Temps.

MALMAISON

No calmo subúrbio de Rueil-Malmaison, fica um dos mais atraentes castelos perto de Paris: Malmaison, a antiga, elegante e sugestiva residência de Josefina Bonaparte, primeira esposa de Napoleão.

DISTÂNCIA 24 km
DURAÇÃO Um dia inteiro
INÍCIO Château de Malmaison
FIM Rueil-Malmaison
OBSERVAÇÕES
A distância acima corresponde ao percurso saindo do centro de Paris. Para chegar ao ponto de partida por transporte público, pegue a linha A do RER até La Défense-Grande Arche e, depois, o ônibus 258 até a parada "Le Château"; de carro, siga a Route Nationale 13 na saída de Paris. Há estacionamento no castelo.

Bois-Préau
O ingresso para Malmaison inclui a entrada para o Bois-Préau (Musée du Château de Bois-Préau, 1, avenue de l'Impératrice-Joséphine, Rueil-Malmaison; tel.: 01 47 49 20 07); mas convém notar que, no momento da redação deste guia, o castelo, atual museu napoleônico, estava fechado para reforma.

Para chegar ao **Château de Malmaison** ❶ (rue du Château; tel.: 01 41 29 05 55; <www.chateau-malmaison.fr>; 4ª-2ª, 10h-17h45; fecha 12h30-13h30 no inverno; entrada paga), siga as instruções do quadro à esquerda. O percurso leva cerca de 40 minutos.

HISTÓRICO

Depois de passar por vários donos, este palácio, em 1799, chamou a atenção de Josefina Bonaparte. Consta que ela teve de pedir emprestada a quantia correspondente à entrada exigida pelo procurador do antigo dono – soma que Napoleão (furioso com o esbanjamento da esposa) reembolsou ao retornar da conquista do Egito.

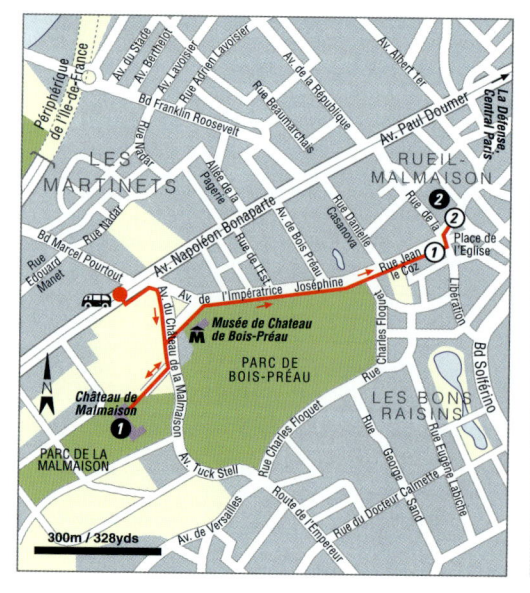

Onde comer

❶ **LES TABLES DE LA FONTAINE**
6, rue Jean-le-Coz, Rueil-Malmaison; tel.: 01 47 51 73 74; €€
Restaurante de fachada envidraçada, com comida saborosa e feita na hora, além de uma excelente tábua de queijos.

❷ **LE BEAUHARNAIS**
29, place de l'Église, Rueil-Malmaison; tel.: 01 47 51 02 88; €
Agradável *brasserie* na praça da igreja com mesas ao ar livre durante o verão.

Josefina encarregou a dupla de engenheiros Percier e Fontaine de reformar o prédio em estilo neoclássico moderno (com formas geométricas simples e pouca decoração), e em 1805 ela contratou L. M. Berthault para trabalhar no parque.

Retiro no campo e escritório

No início, Malmaison serviu de casa de campo para o casal imperial, mas, nos anos 1800, Napoleão começou a passar mais tempo no castelo, chegando até a realizar reuniões do governo lá. Em 1809, porém, como Josefina não conseguia lhe dar um herdeiro (apesar de ela ter tido dois filhos do primeiro casamento com o visconde Alexandre de Beauharnais), Napoleão anulou o casamento e deu à ex-esposa a propriedade de Malmaison, além de uma pensão anual de 5 milhões de francos. Foi no castelo que ela passou a maior parte da vida, até a morte em 1814.

VISITA DO CASTELO

Entre os destaques no **andar térreo**, há uma enorme mesa de bilhar, dois quadros de Gérard e Girodet sobre o tema de Ossian na sala de estar e a harpa de Josefina coroada pela Águia Imperial no salão de música.

Observe também as delicadas pinturas, no estilo de Pompeia, nas paredes recobertas de estuque da sala de jantar, a faixa de Napoleão, a sala de reunião imitando uma tenda e a biblioteca com o teto decorado com bustos clássicos de escritores, de Ovídio a Voltaire.

Primeiro e segundo andares

No **primeiro andar** estão os aposentos particulares, embora com poucas peças originais: muita coisa tem sido adquirida do Palais des Tuileries e de outras residências reais. O que mais chama a atenção neste andar são as pinturas de Napoleão e Josefina por vários artistas, entre os quais Gérard, Riesener, Bacler d'Albe e David.

No **segundo andar** há indumentárias do célebre guarda-roupa da imperatriz.

O JARDIM

Após a visita da casa, vá até a parte de trás para admirar o lindo parque com jardim em estilo inglês. Josefina esbanjava tempo e dinheiro com o jardim, tendo mandado plantar 200 espécies nunca antes cultivadas na França. Ainda hoje se vê o sólido cedro à direita, quando se vira de costas para a casa; foi plantado em 1800 para comemorar a vitória de Napoleão em Marengo.

OUTRAS ATRAÇÕES

Também vale a pena visitar o **Pavillon Osiris**, com um acervo de artes decorativas, e o **Pavillon des Voitures**, onde estão o landau que Napoleão utilizou em sua campanha militar na Rússia e o carro funerário que serviu para o seu enterro em Santa Helena.

Embora não haja restaurantes dentro do castelo, bastam 15 minutos de caminhada até a cidadezinha de **Rueil-Malmaison** ❷, para encontrar opções convidativas, ver 🍴❶ e 🍴❷.

Acima, a partir da esquerda: imagem de Malmaison do séc. XIX, obra de Louis Garneray; retrato de Josefina Bonaparte, por Prudhon; o quarto de Napoleão; o castelo atual.

Amiga dos animais

No castelo de Malmaison, Josefina mantinha, além de uma estufa com 300 pés de abacaxi, uma coleção de animais selvagens: cangurus, cisnes negros, zebras, gazelas, avestruzes e lhamas, todos vagando em liberdade pelo parque.

VERSALHES

Descrita pelo escritor e filósofo Voltaire como "uma obra de arte de mau gosto e suntuosidade", Versalhes, símbolo da decadência pré-revolucionária, oferece um encontro vívido com a história da França.

Horário de funcionamento
Castelo: abr.-out., 3ª-dom., 9h-18h30; nov.-mar., 3ª-dom., 9h-17h30. Petit Trianon, Hameau e Grand Trianon: abr.-out., diariamente, 12h-18h30; nov.-mar., diariamente, 12h-17h30. Principais áreas do castelo: última entrada meia hora antes de fechar. Jardins: abr.-out., diariamente, de 7h ao pôr do sol; nov.-mar., de 8h ao pôr do sol. Espetáculos do chafariz: abr.-set., sáb.-dom.; entrada paga, exceto para os jardins no inverno.

DISTÂNCIA 42 km
DURAÇÃO Um dia inteiro
INÍCIO/FIM Versalhes
OBSERVAÇÕES
A distância acima é contada a partir do centro de Paris. Para chegar ao palácio por transporte público, pegue a linha C do RER até Versailles-Rive-Gauche-Château. De carro, Versalhes fica a 21 km a sudoeste de Paris pela autoroute A13, em direção a Rouen; pegue a saída Versailles-Château. Há estacionamento na place d'Armes. Dica útil: para evitar filas, reserve os bilhetes para o palácio com antecedência pelo <www.chateauversailles.fr> ou pelo tel.: 01 30 83 78 00.

Para chegar ao palácio de **Versalhes** ❶ vindo do centro de Paris, siga as instruções do quadro à esquerda. Aqui vai um roteiro dos principais setores do palácio e dos jardins, mas, antes, algumas informações sobre a evolução do castelo.

ORIGEM

Em 1623, Luís XIII, obstinado caçador, construiu um chalé próximo à cidade de Versalhes, a oeste de Paris, para aproveitar a densa floresta da região. Em 1631, o rei mandou o arquiteto chefe, Philibert Le Roy, fazer algumas mudanças nesse chalé.

Luís XIV

De 1661 a 1668, foram realizadas outras melhorias sob as ordens do jovem Luís XIV, que roubou o arquiteto Louis Le Vau, o pintor Charles Le Brun e o paisagista André Le Nôtre do castelo de Vaux-le-Vicomte, onde o ministro das Finanças Nicolas Fouquet sobrepujava o soberano em pompa e elegância.

Mas Versalhes era muito pequeno para o rei e seu séquito; em 1668 Luís XIV incumbiu Le Vau de aumentar o palácio (o bloco de pedra branca que está no final dos jardins). A partir de 1678, Jules Hardouin-Mansart assumiu como arquiteto principal, iniciando um período de muitas construções.

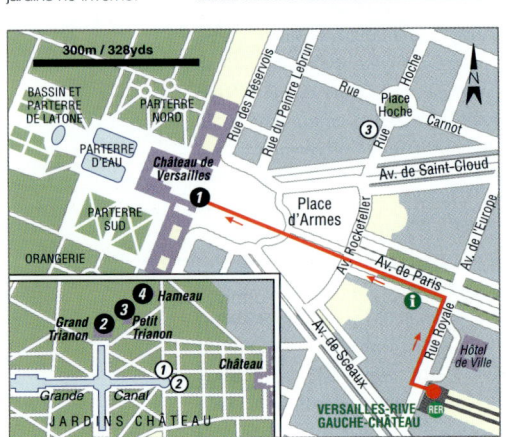

Residência Oficial da Corte

Em 1682, Versalhes tornou-se a residência oficial de Luís XIV e a sede do governo francês. Foram construídos a Sala dos Espelhos, as Alas Norte e Sul, os Estábulos, os Grandes Alojamentos (para os serviçais), a Orangerie e a Capela Real, além da reforma do Grand Trianon.

Ao subir ao trono após a Regência de 1715-22, Luís XV manteve a corte em Versalhes. Seu arquiteto, Ange-Jacques Gabriel, reformou os aposentos particulares e construiu o Petit Trianon (1762-64). Entre 1768 e 1770, construiu a Opéra Royal e, em 1771, restaurou, em estilo francês clássico, a Ala Norte de Mansart, que estava desmoronando.

REVOLUÇÃO FRANCESA

Sob as ordens de Louis XVI, a corte permaneceu em Versalhes, mantendo-se afastada do cada vez mais descontente povo de Paris. Essa ilha da fantasia foi reproduzida na construção do Hameau (vilarejo) para Maria Antonieta entre 1783 e 1787. O mundo de Luís XVI entrou em colapso quando, em 6 de outubro de 1789, ele e sua família foram obrigados a retornar ao Palais des Tuileries em Paris. Último rei da dinastia Bourbon, Luís XVI foi guilhotinado em 21 de janeiro de 1793, onde hoje fica a place de la Concorde (*ver p. 43*).

NAPOLEÃO

Depois da Revolução Francesa, o palácio foi saqueado e o patrimônio ficou abandonado. Napoleão pensou em se mudar para lá, depois do casamento em 1810 com sua segunda esposa, a arquiduquesa Maria Luísa, planos que, entretanto, nunca se concretizaram. Mas o casal teve momentos tranquilos no Grand Trianon, e o imperador cedeu o Petit Trianon para sua irmã Paulina.

MUSEU

Os novos ocupantes de Versalhes pouco fizeram em proveito do castelo. Luís Filipe de Orléans, que reinou de 1830 a 1848, mandou restaurá-lo, mas sua tentativa de transformar parte do castelo em museu "Em honra das glórias da França" prejudicou muito o conjunto arquitetônico.

No fim do século XIX e no século XX, Versalhes funcionou como quartel-general: para os alemães, durante a guerra Franco-Prussiana, para o Conselho de Guerra Aliado, durante a Primeira Guerra Mundial e, para os Aliados, na Segunda Guerra Mundial.

O PALÁCIO PRINCIPAL

Comece pelo palácio principal, que pode ser visitado sem um guia. Compreende os **Grands Appartements** (Apartamentos de Estado) do rei e da rainha, onde todos os movimentos do monarca eram acompanhados por uma legião de cortesãos.

Aqui fica também a **Galerie des Glaces** [Galeria dos Espelhos], que deve ser visitada de preferência à tarde, quando recebe os raios do sol: seus 17 arcos forrados de espelhos e com amplas janelas permitem uma luminosidade deslumbrante. As 30 pinturas do teto, obras do pintor principal do rei, Charles Le Brun, além de trazer citações

Acima, a partir da esquerda: fundos do palácio; a Galerie des Glaces; retrato de Maria Antonieta; Charles le Brun, o pintor principal do rei, supervisionava a pintura dos magníficos tetos, como este.

Maníaco por controle
Manter a corte e o governo em Versalhes foi o modo que Luís XIV, ardente defensor da monarquia absoluta (*"L'État c'est moi"* – Eu sou o Estado), encontrou para exercer um controle absoluto sobre os negócios do Estado e sobre o comportamento dos cortesãos.

HISTÓRICO **91**

Acima, a partir da esquerda: teto do palácio; *Bassin d'Apollon* [Lago de Apolo], no alto do Grand Canal; estátua nos jardins; canteiros geométricos de André le Nôtre.

de Racine, retratam grandes eventos dos primeiros 17 anos do reinado de 72 anos de Luís XIV.

Foi nesta sala que o Tratado de Versalhes foi assinado para indicar o fim da Primeira Guerra Mundial.

Com um pagamento adicional (cobrado para ver a maioria dos "extras" em Versalhes), pode-se visitar o quarto particular de Luís XIV e os aposentos do delfim e da princesa. Há visitas guiadas para os aposentos particulares de Luís XV, Luís XVI, Maria Antonieta, madame de Pompadour e madame du Barry, bem como para o teatro lírico (inaugurado para festejar o casamento do futuro Luís XVI com Maria Antonieta) e a capela real.

TRIANONS E HAMEAU

Outros dois importantes edifícios do patrimônio são o Grand e o Petit Trianons, situados a noroeste, a cerca de 30 minutos a pé do castelo. Se não quiser caminhar, pegue o trenzinho que passa regularmente vindo do castelo, margeando o Grand Canal, e no outro lado até os Trianons, e volte. Você também pode alugar bicicletas e carruagens puxadas por cavalos. O Hameau de Maria Antonieta (tombado, junto com o Petit Trianon, como "Patrimônio de Maria Antonieta") é um conjunto de chalés, a 10 minutos a pé na direção nordeste.

Grand Trianon

O **Grand Trianon** ❷, palácio em miniatura de estilo italiano, foi erigido por Luís XIV como um refúgio da vida pública no castelo principal. O projeto original de 1670 de Le Vau, decorado em porcelana azul e branca de Delft, foi substituído em 1687 pela atual arquitetura em mármore de Hardouin-Mansart. Depois de ter sido saqueado durante a Revolução Francesa, o Grand Trianon foi restaurado em estilo imperial para Napoleão e sua segunda esposa, Maria Luísa. No século XX, Charles de Gaulle nele se hospedou durante seu mandato e, desde então, há uma ala reservada para o chefe de Estado francês.

Petit Trianon e Hameau

O **Petit Trianon** ❷ foi construído para Luís XV, em estilo grego, por Gabriel,

Um modo de vida muito público

O complexo de Versalhes foi projetado para abrigar toda a corte e seu séquito: cerca de 20 mil pessoas. Os nobres deixavam seus castelos da província ou suas mansões parisienses e eram obrigados a servir a corte durante anos, com grandes despesas pessoais, tendo de observar uma exigente etiqueta a fim de obter o favor do rei e as rendosas sinecuras. Em vez de tramar rebeliões, eles disputavam a honra de segurar a camisa do rei quando ele se levantava de manhã para a cerimônia executada diante dos cortesãos, a *levée*. Também as refeições do rei eram públicas e as rainhas davam à luz sob os olhares da corte.

de 1762 a 1768, como um lugar reservado para o rei e sua amante madame de Pompadour e, mais tarde, madame du Barry. Os jardins foram projetados pelo cientista e botânico Bernard de Jussieu e, mais tarde, reformados no sinuoso estilo inglês para Maria Antonieta, a quem foi cedido o Petit Trianon quando ela se tornou rainha.

O **Hameau** ❹, também ligado a Maria Antonieta, é um conjunto de chalés, do arquiteto Richard Mique. Os folhetos oficiais de Versalhes enfatizam que essas casas em estilo rústico não foram construídas, como popularmente se acreditava, para que a rainha brincasse de pastora, e sim como um laticínio, onde se produziam alimentos de propriedade real.

OS JARDINS E O PARQUE

Os jardins e o parque do castelo, de 815 ha, são obra de André Le Nôtre, que conseguiu criar um insuperável espaço de lazer para Luís XIV, a partir de uns poucos promissores outeiros e pântanos.

A principal obra do parque é o **Grand Canal**, uma faixa ornamental de água de 44 ha, que pode ser percorrida de barco. Ao redor do Canal, uma rede de caminhos, chafarizes, bosques com estátuas, e árvores e arbustos esculpidos, irradiam-se simetricamente. Observe a **Orangerie**, com sua fileira de arcos que podia abrigar mais de 2 mil laranjeiras e o Potager du Roi [Horta do Rei].

Espetáculos do chafariz

Lembre-se de que existe uma taxa extra para visitar os jardins aos domingos, quando os chafarizes, acionados por um excelente sistema hidráulico, ganham vida, e a música do século XVII perpassa pelos canteiros. No entanto, esse é o dia mais cheio.

Alimentação

Dos cafés e restaurantes nesses jardins, todos razoáveis, nenhum é excepcional; os dois melhores são **La Flottille**, ver 🍴①, e **La Petite Venise**, ver 🍴②. Há também, ao ar livre, espaços de alimentação baratos, que servem lanches ao lado do jardim Latona e da Avenue Royale. Dependendo do tempo, o melhor é fazer um bom piquenique com comestíveis trazidos das *pâtisseries* e *traiteurs* de Paris.

Se você voltar pela cidade de Versalhes, uma opção é comer no **Au Chapeau Gris**, ver 🍴③, antes de retornar a Paris.

> ## Onde comer 🍴
>
> ### ① LA FLOTTILLE
> Tel.: 01 39 51 41 58; €€
> No começo do Grand Canal, fica este restaurante (comida francesa tradicional), com *brasserie* (estilo frango com batata frita) e salão de chá.
>
> ### ② LA PETITE VENISE
> Tel.: 01 39 53 25 69; €€
> Localizado entre o Bassin d'Apollon e o Grand Canal, este estabelecimento também funciona como restaurante, *brasserie* e salão de chá.
>
> ### ③ AU CHAPEAU GRIS
> 7, rue Hoche, Versalhes; tel.: 01 39 50 10 81; fecha às 4ªs; €€
> Logo na saída do castelo, este bistrô serve pratos substanciais de peixe e carne.

Mais visitas
Outras atrações de Versalhes: as quadras cobertas de *jeu de paume* [tênis real], situadas na rue du Jeu-de-Paume, fora do complexo do castelo, e os estábulos Hardouin-Mansart, localizados abaixo do local para desfiles, entre as avenidas St.-Cloud, Paris e Sceaux. Nos estábulos agora funciona o museu da carruagem de Versalhes.

FONTAINEBLEAU

Luís IX chamava Fontainebleau de sua "selva", Francisco I referia-se aos passeios aqui como "regresso ao lar" e, de seu exílio em Santa Helena, Napoleão Bonaparte o denominava "o verdadeiro lar dos reis". Não é de admirar que seja agora Patrimônio Histórico da Humanidade.

DISTÂNCIA 120 km
DURAÇÃO Um dia inteiro
INÍCIO/FIM Fontainebleau

A distância acima é contada do centro de Paris. Para ir ao palácio de trem: da Gare de Lyon até Fontainebleau-Avon (45 minutos), depois o ônibus "Château" a partir da estação, ou 30 minutos de caminhada pela cidade. Verifique os horários de trem antes de viajar (<www.sncf.fr>), pois há poucas saídas diárias. A SNCF vende um bilhete único que inclui trem-ônibus-castelo. De carro: pegue a saída para Fontainebleau na autoroute A6; o castelo fica a 16 km. Há estacionamento na cidade. Reserve ao menos duas horas para a visita do palácio.

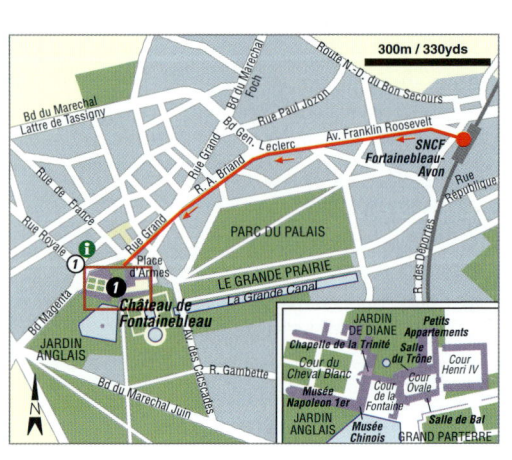

Despedida saudosa
O principal pátio, o do Cavalo Branco, é também conhecido como o Pátio do Adeus. Foi da escadaria em forma de ferradura que Napoleão partiu para Elba em 1814, depois de assinar seu primeiro ato de abdicação em Fontainebleau.

Próximo do centro de Fontainebleau, fica o **Château de Fontainebleau** ❶ (place Général-de-Gaulle; tel.: 01 60 71 50 70; <www.musee-chateau-fontainebleau.fr>; out.-mar., 4ª-2ª, 9h30-17h; abr.-set., 9h30-18h; entrada paga).

HISTÓRICO

Em 1528, para satisfazer sua paixão por esportes violentos, Francisco I encomendou um palácio em estilo maneirista no terreno onde havia um alojamento medieval da realeza de cerca de 100 km² na floresta de Fontainebleau. Recém-chegado de suas conquistas na Itália, Francisco introduziu na França o estilo renascentista, que se tornou conhecido como a Primeira Escola de Fontainebleau. Além disso, embelezou seu palácio com obras de Leonardo da Vinci, entre as quais a *Mona Lisa* (agora no Louvre), e de Rafael.

Histórico do palácio

Restauração e anexos foram feitos sob as ordens de Henrique II, Henrique IV, Luís XIV e Luís XVI, mas no reinado deste último ocorreu a Revolução Francesa, e o palácio deixou de ser a residência dos reis. Vítima de pilhagem, ficou em ruínas até 1803, quando Napoleão lá fundou uma escola militar e empreendeu sua restauração total.

Durante a Restauração dos Bourbon (1815-30), Luís Filipe prosseguiu as obras de reforma do castelo, que continuaram na Segunda República sob o comando do sobrinho de Bonaparte, Napoleão III. No fim do século XIX, a imperatriz Eugênia acrescentou novos salões e um Museu Chinês. De 1945 a 1965, o palácio foi o quartel-general do setor militar da Nato.

VISITA DO PALÁCIO

A entrada fica do lado direito da **Cour du Cheval Blanc** [Pátio do Cavalo Branco] quando você está de frente para a escadaria em forma de ferradura (*ver à esquerda*). Essa é a ala Luís XV, que abriga o **Musée Napoléon I**, composto de vestuário, armas, acessórios e telas referentes ao imperador.

Primeiro andar
No fim desta ala, suba as escadas até os **Grands Appartements** e salas da Renascença. Entre os destaques, a Galerie François I, ornada com suas iniciais e a salamandra heráldica, o salão de baile e o Salon Luís XIII, onde o futuro monarca nasceu em 1601. Igualmente excepcional é a Galerie de Diane, com 80 m, transformada em 1858 em biblioteca por Napoleão III, e o quarto do rei, transformado em 1808 em sala do trono. Ainda no andar superior fica o elegantemente decorado Apartamento Imperial de Napoleão.

Andar térreo
A visita continua pelo andar térreo, onde, imediatamente à esquerda da escadaria em forma de ferradura, fica a **Chapelle de la Trinité** do século XVI, na qual Luís XV se casou em 1725. Adiante ficam os modestos **Petits Appartements** (horários restritos), que Napoleão I destinou como suíte privada para si e sua primeira esposa, Josefina, embora a dela fosse mais tarde utilizada pela segunda esposa, Maria Luísa.

Também é possível visitar os salões da imperatriz Eugênia e o **Musée Chinois**, embora em horários restritos.

O jardim
Os pontos de maior interesse são o antigo jardim inglês do século XIX, o lago das carpas, o Grand Parterre (o primeiro em estilo francês), o canal e aquela que, ainda hoje, é a maior quadra de *jeu de paume* do mundo.

DE VOLTA À CIDADE

Depois de visitar o palácio, para voltar à cidade, saia pelo portão principal, atravesse a place d'Armes e siga pela rue du Château (mais adiante rue Grande). O restaurante recomendado na cidade é o **Le François 1ᵉʳ**, ver ①①.

Onde comer

① **LE FRANÇOIS-1ᵉʳ (CHEZ BERNARD)**
3, rue Royale, Fontainebleau; tel.: 01 64 22 24 68; €€
Um dos melhores restaurantes da cidade, possui terraço e vista para o castelo.
A cozinha do *chef* Bernard Crogiez é simplesmente maravilhosa na estação de caça.

Acima, a partir da esquerda:
ala Luís XVI; inicial de Francisco I na galeria de mesmo nome; estátua perto da ala Luís XVI; o Lago da Carpa.

Vaux-le-Vicomte
É possível conciliar este passeio com a visita ao palácio em Vaux-le-Vicomte (Maincy; tel.: 01 64 14 41 90; <www.vaux-le-vicomte.com>; fim de mar.-meados de nov., 10h-18h; para uma noite à luz de velas, consulte o *site*; entrada paga), visto que os dois lugares distam apenas 16 km um do outro e ficam na mesma linha de trem (RER D/linha principal de trem para Melun, e depois ônibus circular – somente nos fins de semana e feriados – ou de táxi). Vaux-le-Vicomte, que foi residência do ex--ministro das Finanças de Luís XIV, Nicolas Fouquet, é via de regra considerado o precursor de Versalhes.

GIVERNY

Visitar a casa de Monet em Giverny, na Normandia, é uma festa para os olhos. Jardins cheios de flores, uma ponte japonesa, ninfeias e uma casa-cor-de-rosa: é fácil entender por que ele a considerava "o lugar perfeito para mim".

DISTÂNCIA 160 km
DURAÇÃO Um dia inteiro
INÍCIO Fondation Monet
FIM Musée d'Art Américain

COMO CHEGAR A GIVERNY

A distância acima é contada do centro de Paris. Para ir de trem: da Gare St.-Lazare até Vernon (45 min.), os trens não são frequentes, verifique os horários com antecedência (SNCF, tel.: 08 36 35 35 35, <www.sncf.fr>); em Vernon pegue um ônibus que leva 15 min. até a cidadezinha (o n. 240 parte da estação 15 min. depois da chegada do trem de Paris); ou alugue uma bicicleta, em frente à estação (€8/dia, 25 min. pedalando; ver <www.fondation-monet.com> para mais detalhes do percurso). De carro: pegue a A13 oeste até Bonnières, e depois a D201 até Giverny, onde há três estacionamentos.

Evite a multidão

A casa e o jardim de Monet costumam receber muitos visitantes que chegam de ônibus fretados e escolares, especialmente entre os meses de junho e setembro. Tente evitar as horas de maior afluência planejando a visita para o início da manhã ou o fim da tarde. Mesmo que haja muita gente, não desista de ver os belíssimos jardins e a casa.

Claude Monet (1840-1926) descobriu Giverny, situada na confluência dos rios Sena e Epte, da janela de um trem, ao passar pelo que é o atual jardim do Clos Normand. Mudou-se com os dois filhos, a amante Alice Hescherdé (a esposa, tuberculosa, havia falecido em 1879) e os 6 filhos dela para lá, onde viveu por 43 anos, até morrer.

No início, Monet tinha pouquíssimo dinheiro, e seu *marchand*, Durand-Ruel, até o ajudava a pagar o aluguel. Mas conseguiu prosperar: comprou a casa, casou-se com Alice e gastou muito dinheiro para fazer os jardins que você vê hoje.

FONDATION MONET

O estacionamento fica a um pulo do n. 84 da rue Claude-Monet e da **Fondation Monet** ❶ (tel.: 02 32 51 28 21, <www.fondation-monet.com>; abr.-out: 3ª-dom., 9h30-18h; entrada paga). Próximo à bilheteria fica a loja do museu, que antes era um dos muitos estúdios construídos por Monet em torno da propriedade onde foram pintadas *Les Nymphéas*, que estão no Musée de l'Orangerie (*ver p. 35*) em Paris. Entre os objetos muito originais da loja, há uma grande quantidade de gravatas e toalhas de chá com a estampa das ninfeias.

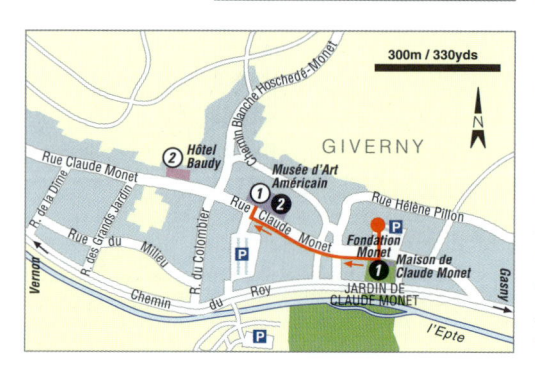

A casa

Depois da loja, à direita, fica a casa toda colorida de Monet: rosa e verde por fora, sala de jantar em amarelo vivo e cozinha azul celeste. No andar de cima, os quartos são claros e arejados, com janelões que dão para os jardins. Nas paredes dos aposentos, gravuras japonesas da enorme coleção do artista.

O jardim

Muitas pessoas já conhecem o jardim através das pinturas de Monet. Bem em frente à casa, fica o renque de canteiros do Clos Normand. Mais abaixo, é o Jardim das Águas, para cuja realização Monet comprou o terreno em 1893. Levou muito tempo até ele obter a licença oficial para cavar as lagoas, mas, em 1895, Monet já tinha as ninfeias, a ponte japonesa, os salgueiros e a lagoa com a balsa. A essa altura, ele estava atarefadíssimo, acrescentando três estufas para suas coleções de begônias, samambaias e orquídeas exóticas, que seriam cuidadas por uma equipe de 6 jardineiros. Em 1966, Michel, seu segundo filho, doou a propriedade ao Estado.

MUSÉE D'ART AMÉRICAIN

Depois de visitar os jardins, vire à esquerda na saída da Fondation e siga pela rue Claude-Monet. No n. 99 fica o **Musée d'Art Américain** ❷ (tel.: 02 32 51 94 65; <www.maag.org>; abr.-out: 3ª-dom., 10h-18h; entrada paga), dedicado a artistas norte-americanos que, inspirados pelos impressionistas, vieram a Giverny; ver também 🍴①.

A princípio, Monet recebia bem os visitantes, mas se cansou dessa invasão: "Quando vim morar em Giverny, eu vivia tranquilo, e a cidadezinha era muito agradável. Agora, são tantos os artistas e estudantes que vêm para cá, que a minha vontade é ir embora". Quando você sair de lá, talvez compreenda bem o que ele sentia.

Acima, a partir da esquerda: a casa de Monet; quadro *Pont japonais*, pintado em cerca de 1895; papoula oriental no Clos Normand; ninfeias no Jardim das Águas.

Hôtel Baudy

Único hotel do vilarejo, o Baudy já foi cenário de partidas de tênis, de teatro amador, e de encontros para beber dos artistas da colônia norte-americana de Giverny. Parece que, de vez em quando, também hospedava pessoas famosas como Renoir, Rodin, Sisley e Pissarro. Basicamente o mesmo, é hoje um agradável bistrô com paredes cobertas de obras menos conhecidas de seus antigos clientes. Ver também 🍴②.

À esquerda: o pintor em seu jardim nos anos 1920.

Onde comer 🍴

① TERRA CAFÉ
99, rue Claude-Monet, Giverny; tel.: 02 32 51 94 61; €€
O restaurante do Musée d'Art Américain oferece um cardápio simples de saladas, quiches, peixe e carne grelhada, e uma bela vista do jardim. Saiba que você pode comer aqui, mesmo sem ter a entrada para o museu.

② HÔTEL BAUDY
81, rue Claude-Monet, Giverny; tel.: 02 32 21 10 03; €€
Outrora ponto preferido dos artistas norte-americanos do vilarejo, este hotel tem um restaurante de comida francesa tradicional e mesas ao ar livre.

DISNEYLAND RESORT PARIS

Se seus filhos estão cansados de ver museus e de comer foie gras, *a ida ao parque da Disney de Paris é uma boa dica. Há sempre novas atrações ao ar livre, bem como todos os tipos de hambúrguer que consigam engolir.*

Ingressos e horários
Os horários costumam ser: de set. a meados de jul.: parque principal diariamente, 10h-19h, Estúdios Walt Disney 10h-18h, ou até mais tarde nos fins de semana; de meados de jul. a ago.: parque principal diariamente, 10h-23h, Estúdios 10h-19h; para reservas e informações: tel.: 08 25 30 02 22 (França) ou acesse o *site* <www.disneylandparis.com>.

DISTÂNCIA 64 km
DURAÇÃO Um dia inteiro, no mínimo
INÍCIO/FIM Disneyland Resort
OBSERVAÇÕES
A distância é contada do centro de Paris. Para chegar ao parque por meio de transporte público, pegue em Paris o RER A nas estações Auber, Châtelet ou Étoile até o Disneyland Resort Paris; se for de carro, siga pela A4 a leste de Paris até Marne-la-Vallée, onde existem indicações para o parque e o estacionamento.

Localizado numa área de 83 ha em Marne-la-Vallée, a leste de Paris, o **Disneyland Resort Paris** ❶ (*para horários de funcionamento, ver quadro à esquerda*) cobre uma área equivalente a um quinto de Paris. Como há muito para ver, a visita pode ser esticada por mais de 2 dias. Os hotéis próximos do parque são caros, mas facilitam o acesso às atrações. A língua oficial do parque é o inglês, mas o francês é bastante falado.

De volta ao lar

De acordo com a central de publicidade da empresa, o Disneyland Resort Paris é uma espécie de volta ao lar; a família de Walt Disney era de Isigny-sur-Mer, na Normandia, e o nome d'Isigny (nascido em Isigny) mudou para Disney nos Estados Unidos. Mas foram os incentivos financeiros do governo, e não a origem da família, que determinaram a implantação do parque na Europa.

O complexo divide-se em três partes: o parque principal, os Estúdios Walt Disney (um parque fechado que oferece uma visão, por trás dos bastidores, da história da animação, do cinema e da televisão) e os hotéis e lojas da Disney Village.

O PARQUE PRINCIPAL

Os "idealizadores" da Disneylândia criaram cinco mundos: **Fantasyland**, a área mais popular para as crianças, com viagens de barco, carrosséis e um labirinto; **Main Street USA**, que representa o início do séc. XX, com bandas *ragtime* e Dixieland (embora também reproduza o Castelo da Cinderela); **Frontierland**, que evoca o oeste selvagem; **Adventureland**, com personagens como o Capitão Gancho; e a futurista **Discoveryland**, com uma Montanha do Espaço, além de atrações com temas franceses, como uma viagem submarina, em homenagem ao célebre escritor de ficção científica Júlio Verne, autor de *Vingt mille lieues sous les mers* [Vinte mil léguas submarinas].

ESTÚDIOS WALT DISNEY

O Disneyland Resort Paris comemorou seu 10º aniversário em 2002 com a inauguração dos **Walt Disney Studios** ❷. De um lado ao outro da entrada, no **Front Lot**, há uma réplica de rua que foi cenário de filme. Depois, há o **Animation Courtyard**, projetado para dar às crianças a possibilidade de aprender alguns métodos que norteiam o processo de animação.

Depois, tem o **Animagique**, um *show* no qual as cenas clássicas dos desenhos de Disney são reproduzidas pelo método "luz negra", do teatro tcheco. Em seguida, há o "Tapetes-voadores sobre Agrahbah", no qual o ator que faz o papel do gênio Aladim transforma-se em diretor do filme, e os visitantes, em elenco.

O local seguinte é o **Production Courtyard**, que dá uma ideia do processo de produção. Por último, há o **Walt Disney Television Studios**, atual centro do Canal Disney na França. Nele, além de visitar um estúdio em funcionameto, você pode ser figurante de um filme.

DISNEY VILLAGE

O **Disney Village**, o parque maior, dedicado à cultura americana, é repleto de hotéis. O Hôtel Cheyenne é o mais criativo: um cenário de faroeste com bar, cadeia do xerife e lojas com soalho de tábuas. Vários hotéis dão vista para o Lago Disney, inclusive o Hôtel New York, que oferece acomodações de luxo num arranha-céu estilo Manhattan.

O ponto alto é o elegante Disneyland Hôtel em estilo vitoriano, enquanto na floresta, a 5 km do parque principal, fica o Rancho de Davy Crockett, com lugar para acampar, estacionamento para *trailers*, cabanas de madeira e aluguel de bicicletas.

Acima, a partir da esquerda: anãozinho da Disneylândia; emblema do camundongo.

Onde comer

Esta lista é apenas uma amostra das dezenas de lugares onde comer no complexo do parque, quase todos repletos na hora das refeições.

① **GIBSON GIRL ICE CREAM PARLOUR**
Main Street USA, Parc Disneyland; €
Sorvete, sorvete e sorvete!

② **COWBOY COOKOUT BARBECUE**
Frontierland, Parc Disneyland; €€
Imitação de estábulo, que serve costeletas, asas de frango, hambúrgueres e fritas, e tem apresentações de música *country*.

③ **MRS WINNER'S HOT DOGS**
Frontierland, Parc Disneyland; €
Cachorro-quente para viagem.

④ **COLONEL HATHI'S PIZZA OUTPOST**
Adventureland, Parc Disneyland; €€
Pizza e massa, pássaros de brinquedo numa árvore acima do salão de jantar, e músicas de *Moogli, o menino-lobo*, clássico da Disney.

⑤ **BILLY BOB'S COUNTRY WESTERN SALOON**
Disney Village; €€
Mais para adultos que para crianças, este restaurante-bar oferece música e dança *country* ao vivo nos três andares.

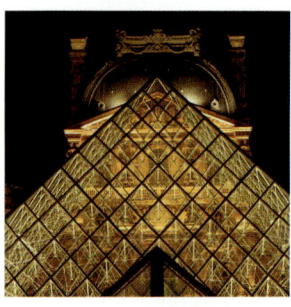

16ᵉ Arrᵗ
RUE
DES EAUX
VOISINAGE DE LA SOURCE DE PASSY

INFORMAÇÕES

Informações práticas e sugestões de hotéis e restaurantes, para todos os gostos e bolsos, organizadas por assunto e em ordem alfabética.

A-Z 102
HOSPEDAGEM 112
ONDE COMER 118

A-Z

A

ACHADOS E PERDIDOS

Para recuperar objetos perdidos em Paris, vá pessoalmente (com documento de identidade) ao Bureau des Objets Trouvés [Central de Achados e Perdidos], 36, rue des Morillons, 15º *arr.*; tel.: 08 21 00 25 25; 2ª-5ª, 8h30-17h; 6ªs, 8h30-16h30; Mº Convention. Para informações sobre roubos, ver "Criminalidade e Segurança", nesta página.

C

CLIMA

Em geral, a temperatura máxima em julho e agosto é 25º C (podendo chegar a 27º C) e a mínima 15º C. Em janeiro, prepare-se para a máxima de 6º C e a mínima de 1º C.

CORREIO

Agências do correio: As agências principais ficam abertas de 2ª a 6ª, das 8h às 19h, e sáb., das 8h às 12h. A agência central do correio fica na rue du Louvre, 52, 1º *arr.*; tel.: 01 40 28 76 00; <www.laposte.fr>.

CRIMINALIDADE E SEGURANÇA

Em caso de perda ou roubo, a queixa deve ser feita pessoalmente na delegacia mais próxima (*commissariat*) e o mais rápido possível. Ver <www.prefecture-police-paris.interieur.gouv.fr> sobre os endereços das delegacias; para pedir ajuda, tel.: 17.

Se perder o passaporte, informe seu consulado imediatamente após notificar a polícia. Existe uma lista completa de consulados nas *Pages Jaunes* [*Páginas Amarelas*] de Paris, ver <www.pagesjaunes.fr>. Convém guardar xerox do passaporte.

Segurança: Em Paris, como em qualquer outra grande cidade, fique atento à ação dos batedores de carteira no transporte público, nos caixas eletrônicos e também ao dar o número do seu cartão de crédito. As zonas de prostituição (como as do Bois de Boulogne) devem ser evitadas à noite.

D

DINHEIRO

Moeda: A moeda da França é o euro, dividido em cem centavos. As moedas (*pièces*) são de 1, 2, 5, 10, 20 e 50 centavos, e de €1 e 2; as notas (*billets*) estão disponíveis nos valores de €5, 10, 20, 50, 100, 200 e 500. A taxa de câmbio para €1 oscila entre R$2,60 e 3,10. A equivalência do dólar é de US$ 1,30 para €1.

Caixas eletrônicos: A maneira mais fácil de sacar dinheiro é no caixa eletrônico, com cartão de débito ou de crédito e a respectiva senha, das seguintes bandeiras: Visa, MasterCard, Maestro ou Cirrus.

Cartões de crédito: A maioria das lojas, restaurantes e hotéis aceita cartão de crédito. Os mais comuns são: Visa e Carte Bleue (CB). O American Express (Amex), Diner's Club, Mastercard, Maestro e Cirrus também são muito aceitos.

E

ELETRICIDADE

Será necessário um adaptador para as tomadas (que são, na maioria, de dois buracos redondos) e um transformador de voltagem (220 V).

EMBAIXADA E CONSULADO

Embaixada e Consulado-Geral do Brasil em Paris: 34, cours Albert 1er, 8º *arr*.; tel.: 01 45 61 63 00; <www.consulat-bresil.org>.

ENDEREÇOS

Paris está dividida em 20 distritos numerados, chamados *arrondissements* porque se estendem *en rond* [em círculo], no sentido horário, a partir do centro da cidade. São classificados por um código postal de cinco dígitos (75001, 75002 etc.), porém o mais comum é serem indicados de forma abreviada (1º, 2º, 3º, 4º etc.).

F

FUSO HORÁRIO

A França está uma hora adiante da (GMT) Hora Média de Greenwich e quatro horas adiante do horário de Brasília.

H

HORÁRIO COMERCIAL

Tradicionalmente os **bancos** abrem de 2ª a 6ª, das 9h às 17h30, e fecham nos fins de semana. Atualmente, muitos abrem aos sábados de manhã e fecham às 2as.

A maioria das **butiques, lojas de departamentos** e **supermercados** abre entre 9h e 10h, e fecha por volta das 19h (ou mais tarde às 5as). **Lojas de alimentos**, sobretudo as padarias, abrem mais cedo. Tradicionalmente, o comércio na França fecha entre 12h e 14h, costume que está mudando em Paris; a maioria das lojas fecha aos domingos, mas padarias e *pâtisseries* abrem na parte da manhã. Às 2as, algumas lojas não abrem, ou só funcionam na parte da tarde.

I

INFORMAÇÕES TURÍSTICAS

Em Paris: consulte <www.parisinfo.com> para obter detalhes de todos os serviços. Para ligar para o Office de Tourisme, tel.: 08 29 68 30 00; as ligações custam €0,34 por minuto. Para informações na Île-de-France, tel.: 08 26 16 66 66. Os endereços são:
• **Agência principal**: 25, rue des Pyramides, 1º *arr*.; jun.-out., diariamente, 9h-19h; nov.-maio, 2ª-sáb., 10h-19h, dom., 11h-19h; Mº Pyramides.

Acima, a partir da esquerda: numeração das casas; o que vestir; contagem do tempo; texto inscrito.

Literatura *gay*/lésbica

Existem várias revistas grátis nos bares *gays* do 3º e do 4º *arr*. A revista *Têtu* (www.tetu.com) é uma fonte útil de informação para essa comunidade e está à venda na maioria das bancas de jornal.

- **Carrousel du Louvre**: 99, rue de Rivoli, 1º *arr*.; diariamente, 10h-18h; Mº Palais-Royal/Musée-du-Louvre.
- **Champs-Élysées**: na esquina da avenue Marigny, 8º *arr*.; abr.-set., diariamente, 9h-19h; Mº Champs-Élysées-Clémenceau.
- **Gare de Lyon**: 20, boulevard Diderot, 12º *arr*.; 2ª-sáb., 8h-18h; Mº Gare-de-Lyon.
- **Gare du Nord**: 18, rue de Dunkerque, 10º *arr*.; diariamente, 8h-18h; Mº: Gare-du-Nord.
- **Montmartre**: 21, place du Tertre, 18º *arr*.; diariamente, 10h-19h; Mº Abbesses.

No Brasil: Maison de France: Avenida Presidente Antônio Carlos, 58, Rio de Janeiro; tel.: (55)(21) 3974-6699; <www.maisondefrance.org.br>. Maison de la France Brasil: Avenida Paulista, 509, 10º andar – cj. 1008; atendimento ao público: 2ª-6ª, 11h-15h; tel.: (55)(11) 3272-5500; <br.franceguide.com>.

L

LEIS ALFANDEGÁRIAS

Visitantes de qualquer nacionalidade devem declarar, na chegada ou na partida, somas em dinheiro superiores a €7.600.

Mercadorias com impostos já pagos: Se você é cidadão da União Europeia e comprar na França artigos sobre os quais incidem impostos, não há restrição quanto às quantidades. Mas a lei europeia estabeleceu "níveis de orientação" sobre o que é aceitável em determinados itens; caso exceda esses limites, você tem de declarar que os artigos são para uso pessoal, como, por exemplo, um casamento na família.

- Fumo: 3.200 cigarros, ou 400 cigarrilhas, ou 200 charutos, ou 1 kg de tabaco.
- Bebida alcoólica: 10 litros.
- Vinho licoroso/Vinho: 90 litros (para os espumantes, o máximo é 60 litros).
- Cerveja: 110 litros.

Mercadorias livres de impostos: Se você não é de um país da União Europeia e comprar artigos livres de impostos na França, existem também os seguintes limites (estas quantidades podem ser duplicadas para quem mora fora da Europa):

- Fumo: 200 cigarros, ou 100 cigarrilhas, ou 50 charutos, ou 250 g de tabaco.
- Álcool: 1 litro de bebida alcoólica com teor acima de 22º ou 2 litros de vinho licoroso, espumante ou outros licores.
- Perfume: 50 g de perfume, mais 250 ml de *eau de toilette*.

M

MAPA

O mapa *Paris classique par arrondissement* pode ser comprado por €8 nas bancas de jornal.

MÍDIA

Jornais: Os dois principais jornais do país são *Le Monde*, rigoroso e de orientação mais de esquerda nos assuntos de política e economia, e *Le Figaro*, mais conservador. Na extrema esquerda, está *L'Humanité*, comunista, e entre ele e o *Le Monde* situa-se o *Libération*, criado por Jean-Paul Sartre. O jornal mais vendido na França é o vespertino *France-Soir*.

As principais revistas semanais de notícias são: *Le Point* (de direita), *L'Express* (centro) e *Le Nouvel Observateur* (de esquerda).

Quanto aos jornais e revistas em inglês ou outras línguas, podem ser encontrados nas bancas e lojas que tenham a indicação *journaux* [jornais] ou *presse* [imprensa].

Para saber o que acontece em Paris, compre *L'Officiel des Spectacles* (sai às 4ªs), com informações de teatro, cinema, clubes, exposições, concertos etc.

Rádio: A France Inter (87,8 MHz) é a maior estação, que tem algo a oferecer para todos os gostos. A Radio Classique (101,1 MHz) toca ininterruptamente música clássica leve. Para programas mais sofisticados, experimente France Musiques (91,7 e 92,1 MHz). A RTL (104,3 MHz), estação muito popular em toda a França, transmite músicas das paradas de sucesso, intercaladas com bate-papos. A Europe 1 (104,7 FM) é a melhor para o noticiário da manhã, e a France Info (105,5 FM) dá notícias o dia inteiro.

Televisão: TF1, France 2, France 3, France5/Arte e M6 são os cinco principais canais de televisão. Além disso, há uma enorme variedade de canais a cabo, oferecidos em geral nos grandes hotéis. Canal+ é uma televisão por assinatura, que exibe filmes de qualidade. Canais internacionais estão igualmente disponíveis em muitos hotéis.

N

NECESSIDADES ESPECIAIS

Organizações francesas: Association des Paralysés de France, 17, boulevard Auguste-Blanqui, 13º *arr.*; tel.: 01 40 78 69 00; <www.apf.asso.fr>.

Aluguel de cadeira de rodas: CRF Matériel Médical, 153, boulevard Voltaire, 11º *arr.*; tel.: 01 43 73 98 98; <www.cap-vital-sante.com>.

P

PESOS E MEDIDAS

Na França, usa-se o sistema métrico internacional.

R

RELIGIÃO

A maioria da população parisiense declara-se católica. Mas a França abriga a maior população muçulmana da Europa e a maior comunidade judaica fora da Rússia, com cerca de 200 mil judeus vivendo em Paris. As *Pages Jaunes* (*Páginas Amarelas*) – ver <www.pagesjaunes.fr> – indicam os lugares de culto de todas as religiões e crenças.

Acima, a partir da esquerda: placa do metrô; Paris *gay*; número de casa em estilo *art nouveau*; anúncio do jornal *Le Monde*.

Fumo
Como muitos outros países europeus, a França proibiu o fumo em estações ferroviárias, aeroportos, lojas e escritórios, restaurantes e bares, com multas aplicadas aos infratores.

S

SAÚDE

Para entrar na França, é preciso possuir um seguro-saúde pelo período correspondente ao de sua estada no país.

Cidadãos da União Europeia: Se você for cidadão da União Europeia e ficar doente na França, pode ser atendido por médicos, dentistas e em hospitais. O tratamento terá de ser pago, mas você tem direito ao reembolso de até 70% das despesas médicas. Para receber esse reembolso, é preciso ter uma **Carte Européenne d'Assurance Maladie** [Cartão Europeu de Assistência Médica].

Farmácias
A maioria das farmácias abre das 9h ou 10h até 19h ou 20h. À noite, elas afixam na porta o endereço das farmácias de plantão mais próximas. Algumas das farmácias que permanecem abertas durante a noite toda são:
• **Dhéry**, 84, avenue des Champs-Élysées, 8º *arr.*; tel.: 01 45 62 02 41; aberta 24 horas; Mº George-V.
• **Pharmacie Européenne de la Place de Clichy**, 6, place de Clichy, 9º *arr.*; tel.: 01 48 74 65 18; aberta 24 horas; Mº Place-de-Clichy.
• **Publicis Drugstore**, 133, avenue des Champs-Élysées, 8º *arr.*; tel.: 01 47 20 39 25; diariamente, das 9h-2h; Mº Charles-de-Gaulle-Étoile.

T

TELEFONES

Números de telefone: Todos os números de telefone na França possuem dez dígitos. Os números de Paris e Île-de-France (região de Paris) começam com 01. Números para ligações grátis começam com 0800; todos os demais números que começam com 08 têm várias taxas de cobrança; os que começam com 06 são de telefones celulares.

Ligações para o exterior: Para ligar da França para outros países, primeiro disque o código internacional (00), e a seguir o código do país (o do Brasil é 55).

Cabines telefônicas: Na maioria das cabines telefônicas, liga-se com cartão (*télécarte*) comprado em bancas de jornal, bares-*tabacs* e nos correios. Muitos cafés e *tabacs* têm telefones públicos que funcionam com moedas ou *jetons* [fichas] comprados no próprio bar.

Feriados nacionais

1º de jan. (Ano-Novo)
Mar.-abr. (Segunda-feira de Páscoa)
1º de maio (Dia do Trabalho)
8 de maio (Fim da Segunda Guerra Mundial)
Meados-fim de maio (Ascensão)
Fim de maio (Segunda-feira de Pentecostes)
14 de jul. (Tomada da Bastilha)
15 de ago. (Festa da Assunção)
1º de nov. (Dia de Todos os Santos)
11 de nov. (Dia do Armistício de 1918)
25 de dez. (Natal)

TELEFONES DE EMERGÊNCIA

Ambulância (SAMU): tel.: 15
Corpo de Bombeiros (*pompiers*): tel.: 18
Polícia (*police secours*): tel.: 17
Ligação de celular: tel.: 112

TRANSPORTES

Chegada

De trem: Eurostar mantém serviços rápidos por ferrovia desde Londres (St. Pancras) ou da estação Ashford até Paris (Gare du Nord). O serviço faz o percurso umas 12 vezes por dia e leva apenas pouco mais de duas horas (2 horas desde Ashford). Para reservas, comunique-se com a Eurostar pelo telefone: 0990-134909 (Reino Unido) ou 08 92 35 35 39 (França) ou acesse <www.eurostar.com>. Existem tarifas reduzidas para crianças entre 4 e 11 anos; menores de 3 anos viajam de graça mas não têm um assento garantido.

Via marítima: As balsas que operam entre o Reino Unido e o norte da França reduziram seus preços desde quando o Túnel do Canal foi inaugurado. Catamarãs oferecem o serviço mais rápido, porém podem ser cancelados se o mar estiver agitado. Existem vias expressas de Boulogne, Calais e Le Havre para Paris.

Via Aérea: A Air France e a TAM são as principais companhias aéreas com vôos para a França a partir do Brasil.

Aeroportos

Roissy-Charles-de-Gaulle: O modo mais rápido de chegar ao centro de Paris vindo de Roissy-Charles-de-Gaulle é pelo trem RER. Partida a cada 15 minutos entre 5h e 23h45 do Terminal 2 (há *navettes* [microônibus] de conexão para quem chega ao Terminal 1) e descida no Mº Gare-du-Nord ou Châtelet. O percurso leva 45 minutos.

O ônibus **Roissy** opera entre o aeroporto e a rue Scribe (próximo do Palais Garnier) saindo dos Terminais 1 portão 30, 2A portão 10 e 2D portão 12. Passa de 15 em 15 minutos, das 6h às 23h, e leva entre 45 minutos e 1 hora. Outra opção é o ônibus da **Air France** (para o Mº Porte-Maillot ou Charles-de-Gaulle-Étoile). Parte dos Terminais 2A ou 2B ou do Terminal 1, e chega ao portão da galeria 34. O ônibus passa a cada 12 minutos, entre 5h40 e 23h.

De **táxi**, a corrida do aeroporto Charles de Gaulle pode levar, dependendo do trânsito, de 30 minutos a mais de 1 hora. A cobrança é feita por taxímetro, com um adicional por mala. O preço médio entre o aeroporto e o centro de Paris fica em €140 de dia e €150 à noite.

Orly: De Orly, para ir ao centro de Paris, pegue o micro-ônibus que sai do portão H em Orly-Sud ou portão F em Orly-Ouest até a estação ferroviária de Orly. O RER pára em Austerlitz, na Pont St.-Michel e no Quai d'Orsay. Passa de 15 em 15 minutos, de 5h50 a 22h50 e leva cerca de 30 minutos até Austerlitz.

Uma opção é o **Orlybus** (até a place Denfert-Rochereau), que sai do portão F de Orly-Sud ou do portão D de Orly-Ouest. Passa a cada 10 minutos, de 6h a 23h30. O trem automático

---

Acima, a partir da esquerda: caixa para pagamentos; venda de selos; no reduto judeu; símbolos.

Selos
Há selos (*timbres*) na maioria das tabacarias (*tabacs*) e demais lojas que vendem cartões-postais. Para enviar cartões-postais e cartas pesando até 20 g, o porte custa 0,55 euro para o território francês, 0,65 euro para o resto da União Européia e 0,85 euro para o Brasil e outros países.

Orlyval, que é mais caro, é um expresso até Antony (o RER mais próximo de Orly). Passa a cada 5-8 minutos, de 2ª a sáb., das 6h30 às 21h15; dom., das 7h às 22h55, e leva 30 minutos.

Ônibus Air France:
• **para quem desembarca em Orly** e deseja ir aos **Invalides** passando por Montparnasse, há em Orly-Sud um ônibus que sai do portão J e, de Orly-Ouest, um que sai do portão E. Passam a cada 20 minutos, das 6h às 23h, e o percurso dura 30 minutos. Os bilhetes podem ser adquiridos no terminal Air France ou no ônibus.
• **para quem desembarca em Orly** e deseja ir até **Étoile** passando por Montparnasse, partida pelos mesmos portões, com horários semelhantes.
• **para quem desembarca no aeroporto Charles de Gaulle-Roissy**, há um ônibus que vai até Étoile, passando pela Porte Maillot.
• quem deseja ir de Paris para o aeroporto Charles de Gaulle-Roissy pode pegar um ônibus que sai de Montparnasse e passa pela Gare de Lyon.
• também há um ônibus que liga o aeroporto de Orly ao de Charles de Gaulle-Roissy.
Ver também <www.airfrance.fr>.

De **táxi**, a corrida de Orly até o centro da cidade leva, dependendo do trânsito, de 20 a 40 minutos.

Transporte em Paris
Ônibus (*autobus*): O transporte de ônibus em Paris é eficiente, embora nem sempre rápido. Os pontos de parada são indicados por placas ou estão em abrigos verde e azul, com o número dos ônibus e os respectivos horários. Há um plano geral das linhas de ônibus, grátis, nas bilheterias das estações do metrô.

A maioria dos ônibus funciona das 7h às 20h30, e alguns, até 0h30. O serviço fica reduzido aos domingos e feriados. Um serviço especial de ônibus para noctívagos, o **Noctambus**, passa por 10 rotas principais da cidade, de hora em hora, entre 1h30 e 5h30, com ponto final no Châtelet.

Bilhetes: As viagens de ônibus são pagas com um *ticket* (o mesmo bilhete que serve para o metrô). Você pode comprar um bilhete ao embarcar, mas fica mais em conta comprar por grupo de 10 bilhetes (*carnet*) em qualquer estação do metrô ou num bar-*tabac* [tabacaria]. Os bilhetes servem para ônibus ou metrô. Não se esqueça de validar o seu bilhete ao entrar no ônibus. Atualmente há também um cartão eletrônico. Turistas podem comprar passes especiais de 1, 3 ou 5 dias, ou o bilhete semanal, ou a Carte Orange (*ver a seguir*). Ao embarcar, apresente estes bilhetes especiais ao motorista, sem passá-los pela máquina de validação. A multa para quem viaja sem bilhete é de €120.

Metrô: O Metropolitano de Paris é um dos mais rápidos, eficientes e baratos sistemas ferroviários subterrâneos do mundo. Para ter 10 viagens pelo preço de 7, compre um *carnet* (talão) de 10 bilhetes, válidos, também, dentro do perímetro urbano, para a rede de ônibus e para o RER.

Linhas Expressas (RER – Réseau

Express Régional) vão do subúrbio ao centro de Paris em cerca de 15 minutos, com poucas paradas no trajeto.

Um bilhete **Paris Visite**, válido para 1, 3 ou 5 dias, dá direito a um número ilimitado de viagens de ônibus ou metrô e a desconto nos ingressos de várias atrações. O bilhete de um dia, **Forfait 1 Jour Mobilis** é válido para o metrô, RER, ônibus, trens suburbanos e alguns ônibus dos aeroportos.

Para estadas mais longas, o melhor é comprar uma **Carte Orange** (que terá sua foto e seu nome), válida para viagens de metrô ou ônibus ilimitadas no perímetro urbano: ela pode ser semanal (*hebdomadaire*) de 2ª a dom., ou mensal (*mensuelle*) a partir do dia 1º do mês. Peça uma *pochette* (carteirinha) para guardar a *Carte* e traga consigo uma foto de passaporte.

Nas estações do metrô existem enormes mapas de fácil leitura. Os trens funcionam das 5h30 à 1h (os últimos trens partem das estações à 0h30). A RATP (Régie Autonome des Transports Parisiens), responsável pela organização do metrô, dispõe de um escritório para informações no n. 54 do quai de la Rapée, 12º *arr.*, com atendimento 24 horas por dia no tel.: 08 92 68 41 14 ou <www.ratp.fr>.

Trem: A SNCF (Société Nationale des Chemins de Fer) dispõe de uma rede eficiente, com trens rápidos e confortáveis. O trem-bala (TGV – *train à grande vitesse*), que serve as linhas mais importantes, é excelente e mais caro que os outros trens. A reserva de lugares é obrigatória no TGV. Ver <www.sncf.com> ou <www.voyages-sncf.com>.

As principais estações de Paris são: Gare du Nord (Eurostar para Londres, Bélgica e Holanda); Gare de l'Est (leste da França e Alemanha); Gare St.-Lazare (Normandia); Gare d'Austerlitz (sudoeste da França, Espanha e Portugal); Gare Montparnasse (TGV para o oeste e sudoeste da França) e Gare de Lyon (Provence, Suíça e Itália). A estação do TGV no aeroporto Charles de Gaulle serve o Disneyland Resort Paris.

Táxi: O táxi livre pode ser reconhecido pela placa luminosa na capota. As tarifas variam de acordo com a zona atendida ou com o horário (mais caro das 19h às 7h e aos domingos); há um valor adicional para as bagagens volumosas e para apanhar o passageiro numa estação ou num aeroporto. Os motoristas de táxi podem se recusar a levar mais de três passageiros. O quarto, se o motorista aceitar, paga taxa extra.

As seguintes companhias de táxi aceitam reservas por telefone 24 horas por dia:
- **Alpha**: 01 45 85 85 85;
- **Artaxi**: 08 91 70 25 50;
- **G7**: 01 47 39 47 39;
- **Taxis Bleus**: 08 25 16 10 10.

Aluguel de carros (*location de voitures***)**: Para alugar um carro, é preciso apresentar a carteira de motorista (com validade mínima de 1 ano) e o passaporte. Será exigido também um cartão de crédito especial ou o depósito de uma grande quantia. A idade mínima para alugar um carro é 23 anos, ou 21, se o pagamento for com cartão de crédito. O seguro de

Acima, a partir da esquerda: barco no Canal; placa de restaurante; *pâtisserie* no 16º *arr.*; placa pública.

uma terceira pessoa é obrigatório, e recomenda-se cobertura total.

As empresas locadoras internacionais que operam em Paris são:
• **Avis**: tel.: 08 20 05 05 05; <www.avis.fr>;
• **Europcar/National/InterRent**: tel.: 08 25 35 83 58; <www.europcar.fr>;
• **Hertz**: tel.: 01 39 38 38 38; <www.hertz.fr>.

Motoristas: Se você pretende dirigir em Paris, lembre que o cinto de segurança é obrigatório nos bancos da frente e de trás do carro, e que, no perímetro urbano, o limite de velocidade é de 50 km/h. A preferencial é sempre do veículo que chega pela direita, o que se aplica às rotatórias, onde os carros que nela estão devem parar e dar passagem aos que entram da direita. Capacetes são obrigatórios para condutores de motocicletas e acompanhantes.

Estacionamento: É muito difícil conseguir estacionar nas ruas; os espaços existentes são pagos, de 2ª a sáb., das 9h às 19h (Paris Carte, adquirida num bar-*tabac*). A permanência máxima é de 2 horas; a maioria dos estacionamentos fica no subsolo (acesse <www.parkingsdeparis.fr>). Carro estacionado em local proibido é guinchado. Não deixe objetos à mostra, pois o roubo em carros é frequente.

Combustível: Nem sempre se encontra no centro da cidade; se o seu tanque estiver quase vazio, vá até uma *porte* [saída] do Periférico (o anel viário com muitas pistas), onde há postos abertos 24 horas.

TRANSPORTES TURÍSTICOS

De barco: Passeios no Sena com duração de 1 hora e explicações em várias línguas. No verão, os barcos partem de meia em meia hora, das 10h às 22h.
• **Batobus**, um serviço "de ônibus via rio" com 8 paradas, partida do Port de la Bourdonnais próximo à Torre Eiffel; tel.: 08 25 05 01 01; <www.batobus.com>.
• **Bateaux Mouches** partem da Pont de l'Alma; tel.: 01 42 25 96 10; <www.bateaux-mouches.fr>.
• **Bateaux Parisiens** saem do quai Montebello, passeios noturnos a partir da Torre Eiffel; tel.: 01 44 11 33 55; <www.bateauxparisiens.com>.
• **Vedettes de Paris** partem do Port de Suffren; tel.: 01 44 18 08 03; <www.vedettesdeparis.com>.
• **Vedettes du Pont-Neuf** saem da Pont-Neuf; tel.: 01 46 33 98 38; <www.vedettesdupontneuf.com>.

Passeios pelo Canal: Estes seguem pelo Canal St.-Martin, da Bastilha até o Parc de La Villette e vice-versa.
• **Canauxrama**, 13, quai de la Loire, 19º *arr.*; tel.: 01 42 39 15 00; <www.canauxrama.com>.
• **Paris Canal**, 19-21, quai de la Loire, 19º *arr.*; tel.: 01 42 40 96 97; <www.pariscanal.com>.

De ônibus: Muitas companhias fazem passeios com explicações em várias línguas e passam pelos pontos principais, mas não param durante o trajeto.

- **Les Cars Rouges** percorrem, em ônibus de dois andares, os principais pontos turísticos. Você pode descer do ônibus, visitar algum deles e depois pegar o próximo ônibus. Explicações em francês e inglês; tel.: 01 53 95 39 53; <www.carsrouges.com>.
- **Cityrama** parte do n. 4, place des Pyramides, 1º *arr.*; tel.: 01 44 55 61 00; <www.cityrama.com>.
- **Paris Vision** sai do n. 214 da rue de Rivoli, 1º *arr.*; tel.: 01 42 60 30 01; <www.parisvision.com>.
- **Paris L'Open Tour**, organizado pela RATP, faz um serviço similar, também com ônibus descobertos de dois andares; tel.: 01 42 66 56 56; <www.paris-opentour.com>.

De bicicleta: Fat Tire Bike Tours – Paris, 24, rue Edgar-Faure, 15º *arr.*; tel.: 01 56 58 10 54; <www.fattirebiketoursparis.com>. Passeios de bicicleta acompanhados por guias e com explicação em inglês.

De 2cv: 4 Roues sous 1 Parapluie, 12, rue Chabanais, 2º *arr.*; tel.: 06 36 67 32 26 68; <www.4roues-sous1parapluie.com>. Outro modo de conhecer a cidade: num Citroën 2CV conversível (daí o nome: quatro rodas sob um guarda-chuva). Lotação máxima: 3 passageiros. A saída pode ser combinada a partir de seu hotel; senão, saída do Palais-Garnier. Vários passeios temáticos.

TURISMO *GAY*

Ainda falta muito, na França, para que os homossexuais tenham os mesmos direitos dos heterossexuais, mas *gays* e lésbicas são cada vez mais aceitos em Paris, abertura que muito se deve ao prefeito da cidade, Bertrand Delanoë, homossexual declarado. O Marais (4º *arr.*) é o bairro de maior concentração de *gays*.

Centre Gai et Lesbien: 3, rue Keller, 11º *arr.*; tel.: 01 43 57 21 47; <www.cglparis.org>; 2ª-sáb., 16h-20h; Mº: Ledru-Rollin ou Bastille. Inaugurado em 1994, este centro para membros da comunidade *gay* e lésbica tem uma biblioteca onde há empréstimo de livros com cobrança de taxa (3ª-6ª, 16h-18h); há também atendimento para questões sociais, jurídicas e de saúde.

V
VISTOS

Quem visita a França precisa ter passaporte válido. Não é exigido visto para brasileiros que pretendem permanecer até no máximo 90 dias. Se você quer estender sua visita por um prazo maior do que esse, procure o consulado francês de sua cidade natal.

Acima, a partir da esquerda: em La Gare, no 16º *arr.*, a estação transformada em bar chique; o Météor (linha 14 do metrô), notável por seus trens sem condutor.

HOSPEDAGEM

As Ilhas

Henri IV
25, place Dauphine, 1º *arr.*; tel.: 01 43 54 44 53; Mº Pont-Neuf; €

Há décadas este modesto hotel oferece os melhores preços de Paris. Seus 21 quartos são um pouco antigos e não têm banheiros individuais, mas tudo isso é compensado pela excelente localização na place Dauphine, a apenas alguns metros de Notre-Dame e de St.-Michel. Reserve com bastante antecedência. Não aceita cartão de crédito.

Hôtel du Jeu de Paume
54, rue St.-Louis-en-l'Île, 4º *arr.*; tel.: 01 43 26 14 18; www.jeudepaumehotel.com; Mº Pont-Marie; €€€

Muito bem instalado na maravilhosa Île St.-Louis, este hotel, com teto de vigas e cenário romântico, é excelente para sentir o ambiente da velha Paris. As instalações foram modernizadas, com banheiros novos, sauna e internet *wi-fi*. O café da manhã é servido na quadra de tênis real do século XVII da mansão. Ginásio de esportes, biblioteca, sala de bilhar, porteiro e serviço de quarto.

Louvre, Tuileries e Concorde

Hôtel Brighton
218, rue de Rivoli, 1º *arr.*; tel.: 01 47 03 61 61; <www.brightonhotelparis.com>; Mº Tuileries; €€

Este grande hotel do século XIX, que deve o nome às boas relações entre a França e a Inglaterra durante o reinado da rainha Vitória, fica na calçada norte das Tuileries. O saguão, a sala de café da manhã e a maioria dos quartos foram renovados. As instalações incluem acesso à internet.

Hôtel Costes
239, rue St.-Honoré, 1º *arr.*; tel.: 01 42 44 50 00; <www.hotelcostes.com>; Mº Tuileries; €€€€

Hotel moderno, bem ao lado da elegante place Vendôme e perto de butiques famosas. Os quartos são primorosamente decorados com telas em estilo barroco, pesadas cortinas e antiguidades. Algumas salas de banho têm banheiras de pés curvos e ladrilhos de mosaico. Como o proprietário Jean-Louis Costes não gosta de luz artificial, os corredores ficam à luz de velas; até mesmo a piscina interna, que possui um sistema de som subaquático, não é iluminada. As instalações incluem bar, ginásio de esportes, restaurante, o moderno Café Costes, serviço de quarto e estacionamento.

Hôtel de Crillon
10, place de la Concorde, 8º *arr.*; tel.: 01 44 71 15 00; <www.crillon.com>; Mº Concorde; €€€€

Este suntuoso hotel de renome mundial faz parte da esplêndida fachada neoclássica na face norte da place de la Concorde. Conhecido por seu serviço impecável (o mínimo que se pode esperar por esse preço), possui também um fabuloso bar e dois notáveis

Preço do quarto de casal por noite, sem café da manhã:	
€€€€	acima de 350 euros
€€€	200-350 euros
€€	120-200 euros
€	abaixo de 120 euros

restaurantes: o tão recomendado pelo guia Michelin, Les Ambassadeurs (dirigido pelo *chef* Jean-François Piège), e o outro, um pouco mais em conta, L'Obélisque. Existe ainda o romântico jardim de inverno para chá, café e aperitivos. Nos quartos, a decoração é igualmente majestosa. As instalações incluem ginásio de esportes, estacionamento e serviço de quarto.

Opéra e Grandes Bulevares

Hôtel Chopin
10, boulevard Montmartre (46, passage Jouffroy), 9º *arr.*; tel.: 01 47 70 58 10; <www.hotelbretonnerie.com>; Mº Richelieu-Drouot; €

Na esquina de uma passagem do século XIX de telhado de ferro e vidro (*ver p. 45*), este hotel tranquilo, cordial e de mobiliário simples oferece 36 quartos por um preço excepcional com relação à sua localização. As instalações são modestas, mas há televisão nos quartos. Reserve com bastante antecedência.

Four Seasons George V
31, avenue George-v, 8º *arr.*; tel.: 01 49 52 70 00; <www.fourseasons.com/paris>; Mº George-v, Alma Marceau; €€€€

Um dos mais famosos hotéis de Paris, bem perto dos Champs-Élysées, o George V oferece o máximo luxo, com quartos lindamente decorados em estilo tradicional, detalhes modernos e magníficas banheiras de mármore. As instalações incluem um fabuloso *spa*, inspirado no palácio de Versalhes, um bar, dois restaurantes e um centro comercial. Serviço requintado.

Hôtel Plaza-Athénée
25, avenue Montaigne, 8º *arr.*; tel.: 01 53 67 66 67; <www.plaza-athenee-paris.com>; Mº Alma-Marceau; €€€€

Este suntuoso hotel, profusamente decorado por Versace, tem quartos à prova de som, clube, restaurante e suítes mobiliadas em estilo Luís XVI ou Regência. O super-*chef* Alain Ducasse é o responsável pelo restaurante. Se não estiver em condições de hospedar-se, tome ao menos um aperitivo em seu elegante bar. As instalações incluem ginásio de esportes e centro comercial.

Ritz
15, place Vendôme, 1º *arr.*; tel.: 01 43 16 30 70; <www.ritzparis.com>; Mº Concorde, Opéra; €€€€

Um dos endereços de maior prestígio mundial, o Ritz recebe os mais distintos hóspedes, como Coco Chanel (que morou numa de suas suítes durante 37 anos), o duque e a duquesa de Windsor, e a princesa Diana e Dodi Al Fayed. Os quartos são luxuosos, decorados em estilo Luís XV, com relógios antigos e rica tapeçaria. O *spa* tem uma linda piscina interna; existem dois ótimos restaurantes e um magnífico jardim. Dispõe de todas as instalações possíveis, incluindo ginásio de esportes e centro comercial.

Marais e Bastilha

Hôtel Caron de Beaumarchais
12, rue Vieille-du-Temple, 4º *arr.*; tel.: 01 42 72 34 12; <www.carondebeaumarchais.com>; Mº St.-Paul, Hôtel-de-Ville; €€

Hotel pequeno e deslumbrante, com excelente localização numa das mais refinadas ruas do Marais. Os quartos são decorados em estilo francês romântico

Acima, a partir da esquerda:
O Pavillon de la Reine, no Marais (*ver p. 114*); luxo no Ritz.

Preços e reservas

Os preços dos hotéis em Paris não estão sujeitos a regras e podem ser alterados sem aviso prévio; verifique, portanto, antes de fazer a reserva. A maioria dos hotéis tem preços que variam conforme a estação do ano. Se reservar por telefone, informe a hora de sua chegada, pois o quarto poderá não estar disponível após as 19h.

do séc. XVIII, com lindos candelabros e objetos antigos em homenagem ao dramaturgo setecentista, de quem o hotel herdou o nome. Atendimento muito atencioso. Como existem apenas 19 quartos, reserve com antecedência.

Hôtel Duo

11, rue du Temple, 4º *arr.*; tel.: 01 42 72 72 22; <www.duoparis.com>; Mº Hôtel-de-Ville; €€

Hotel moderno num ótimo ponto do Marais, a poucos passos do Hôtel de Ville. Graças à excelente insonorização, seus 58 quartos são silenciosos, mobiliados em estilo contemporâneo, com banheiros espaçosos (o que é raro em Paris). As instalações incluem bar, ginásio de esportes e sauna. O acesso grátis à internet *wi-fi* pode ser feito na área social.

Pavillon de la Reine

28, place des Vosges, 3º *arr.*; tel.: 01 40 29 19 19; <www.pavillon-de-la-reine.com>; Mº St.-Paul; €€€

Este romântico hotel de porte médio, na elegante place des Vosges, mais parece um castelo do interior. Os quartos variam muito de preço e tamanho, mas a maioria tem camas de quatro colunas, teto de vigas de madeira e objetos antigos. Possui também um salão de bar, com degustação de vinhos à noite e jardins bem cuidados.

Hôtel de la Place des Vosges

12, rue Birague, 4º *arr.*; tel.: 01 42 72 60 46; <www.hotelplacedesvosges.com>; Mº St.-Paul; €-€€

Instalação, em antigos estábulos, de um hotel íntimo com apenas 16 quartos. É popular e bem localizado, perto da place des Vosges; reserve com antecedência. Um casamento do novo com o velho que deu certo, embora ainda um pouco decadente. Funcionários atenciosos.

Hôtel St.-Merry

78, rue de la Verrerie, 4º *arr.*; tel.: 01 42 78 14 15; <www.hotelmarais.com>; Mº Hôtel-de-Ville; €€-€€€

Provavelmente o mais original hotel de Paris, o St.-Merry, antigo presbitério do século XVII, é hoje considerado uma obra-prima da arte gótica. Os quartos têm vitrais coloridos e são decorados com bancos de igreja de mogno e candelabros de ferro; num deles há um arcobotante de pedra. A cabine telefônica é um confessionário. Convém lembrar que não há muitos detalhes *high-tech* – apenas a suíte tem televisão, por exemplo.

Champs-Élysées, Trocadéro e Oeste

Hôtel Daniel

8, rue Frédéric-Bastiat, 8º *arr.*; tel.: 01 42 56 17 00; <www.hoteldanielparis.com>; €€€; Mº St.-Philippe-du-Roule, Franklin-D.-Roosevelt.

Membro do prestigioso grupo Relais & Châteaux, o Hôtel Daniel tem preços mais caros, mas é muito romântico, com 26 quartos primorosamente decorados, papel de parede pintado a

---

Preço do quarto de casal por noite sem café-da-manhã:

€€€€	acima de 350 euros
€€€	200-350 euros
€€	120-200 euros
€	abaixo de 120 euros

mão à moda chinesa, luxuosos carpetes e belíssimas antiguidades. As instalações incluem bar, restaurante, acesso à internet *wi-fi*, estacionamento e serviço de quarto. Excelente localização perto dos Champs-Élysées e da rue du Faubourg-St.-Honoré.

Hôtel Keppler

12, rue Keppler, 16º *arr.*; tel.: 01 47 20 65 05; <www.hotelkeppler.com>; Mº Georges-V; €

O Keppler oferece ótimas acomodações em relação ao preço cobrado neste bairro de luxo. Os 49 quartos são espaçosos e mobiliados com conforto; quatro deles têm sacada. A escadaria é em espiral, e há uma aconchegante lareira e um bar com serviço de quarto. A família proprietária administra todo o serviço impecável. As instalações incluem internet *wi-fi*.

Montmartre e Pigalle

Hôtel Amour

8, rue Navarin, 9º *arr.*; tel.: 01 48 78 31 80; <www.hotelamour.com>; Mº St.-Georges; €€

Hotel bem cotado, em estilo "clube inglês só para cavalheiros". Os 20 quartos foram decorados por artistas contemporâneos; alguns até têm "instalações de arte". O bar tem DJs, e há um jardim nos fundos do lindo restaurante. Preços muito bons.

Hôtel Ermitage

24, rue Lamarck, 18º *arr.*; tel.: 01 42 64 79 22; Mº Lamarck-Caulaincourt; €

Este pequeno hotel com 12 quartos, localizado num velho bairro residencial próximo ao Sacré-Coeur, é uma excelente e econômica opção. Os quartos coloridos e aconchegantes são decorados em estilo "casa de campo francesa", com pátio e terraço, onde, no verão, é servido o café da manhã. Não aceita cartão de crédito.

Kube Rooms & Bar

1–5, passage Ruelle, 18º *arr.*; tel.: 01 42 05 20 00; <www.kubehotel.com>; Mº Porte-de-la-Chapelle; €€€

Um desejado hotel de projeto moderno, com um bar-vodca no bairro multicultural Goutte d'Or. Tudo aqui é *high-tech*: cada quarto é equipado com computador, por meio do qual o hóspede controla as suas instalações; até mesmo a abertura das portas é feita apertando-se um botão. Instalações incluem um ginásio de esportes, acesso à internet *wi-fi*, estacionamento e serviço de quarto.

Leste e Nordeste

Hôtel Apollo

11, rue de Dunkerque, 10º *arr.*; tel.: 01 48 78 04 98; Mº Gare-du-Nord; €

Situado bem em frente à Gare du Nord, é um hotel barato e agradável, onde se pode fazer uma pausa antes ou depois de passeios muito longos. Os 45 quartos são limpos, seguros e sossegados.

Le Général

5–7, rue Rampon, 11º *arr.*; tel.: 01 47 00 41 57; <www.legeneralhotel.com>; Mº République; €€

Este hotel-butique tem preços razoáveis. Os quartos são muito bem decorados, pequenos mas aconchegantes. Possui sala de esportes, sauna e bar. O serviço de quarto atende ininterruptamente, e existe acesso *wi-fi* à internet.

Acima, a partir da esquerda: decoração interior; flores exóticas; cama pronta; estilo oriental.

Observações

Nem todos os prédios são adaptados para acesso em cadeira de rodas; mesmo que o hotel tenha elevador, por exemplo, este pode ser muito pequeno. Viajantes com necessidades especiais devem informar-se antes de fazer a reserva.

Cama e café da manhã

Uma opção de hospedagem é a chamada "cama e café da manhã". Várias companhias oferecem hospedagem em residências. Alcôve & Agapes, Le Bed & Breakfast à Paris (8bis, rue Coysevox, 18º *arr.*; tel.: 01 44 85 06 05; <www.bedandbreakfastinparis.com>) tem uma lista de mais de 100 endereços. Good Morning Paris (43, rue Lacépède, 5º *arr.*; tel.: 01 47 07 28 29; <www.goodmorningparis.fr>) oferece cerca de 40 quartos na cidade (preços a partir de €40 para uma pessoa até cerca de €80 para três).

Quartier Latin e St.-Germain

Abbaye St.-Germain

10, rue Cassette, 6º *arr.*; tel.: 01 45 44 38 11; <www.hotelabbayeparis.com>; Mº St.-Sulpice; €€€

Esta abadia do século XVII, situada entre o Jardin du Luxembourg e St.-Germain-des-Prés, foi muito bem adaptada para hotel. É linda a decoração em estilo antigo, com vigas e painéis de madeira, mas há também todo o conforto moderno. No verão, o café da manhã é servido no jardim por uma equipe atenciosa. Há acesso à internet *wi-fi*, serviço de quarto e bar.

Hôtel d'Angleterre

44, rue Jacob, 6º *arr.*; tel.: 01 42 60 34 72; <www.hotel-dangleterre.com>; Mº St.-Germain-des-Prés, Rue-du-Bac; €€

Este encantador hotel, onde foi assinado em 1783 o Tratado de Paris proclamando a independência dos Estados Unidos, serviu durante o século XIX de Embaixada Britânica. Ernest Hemingway hospedou-se aqui em 1921, no quarto 14. Os aposentos são bem pequenos e mobiliados com antiguidades; somente os de casal, no andar superior, são espaçosos. Existe um atraente terraço e jardim, onde o café da manhã é servido no verão.

Preço do quarto de casal por noite sem café da manhã:	
€€€€	acima de 350 euros
€€€	200-350 euros
€€	120-200 euros
€	abaixo de 120 euros

Hôtel des Deux Degrés

10, rue des Grands-Degrés, 5º *arr.*; tel.: 01 55 42 88 88; <www.lesdegreshotel.com>; Mº St.-Michel; €€

Hotel mobiliado de modo romântico, muito bem localizado e com vista para Notre-Dame (dos quartos 47 e 501 se avista a catedral). Os 10 quartos são primorosamente decorados com belíssimos objetos antigos; vigas de madeira originais ornam o ambiente. Faça reserva com bastante antecedência.

Hôtel Esmeralda

4, rue St.-Julien-le-Pauvre, 5º *arr.*; tel.: 01 43 54 19 20; Mº St.-Michel, Maubert-Mutualité; €

O Esmeralda, do século XVII, o máximo do chique-pobre, é um desses lugares que você ama ou detesta. As paredes de seus 19 quartos são forradas com espalhafatoso papel florido (provavelmente soltando da parede), o mobiliário é antigo (alguns chamam de "ninho de pulgas") e a escada oscilante (não há elevador) provoca reclamações na hora de subir as malas. Além dos preços baixos (quartos a partir de cerca de €40 para uma pessoa) e da inegável originalidade, é procurado por sua localização: vários quartos têm vista para Notre-Dame, do outro lado do Sena.

Hôtel de Nesle

7, rue de Nesle, 6º *arr.*; tel.: 01 43 54 62 41; <www.hoteldenesleparis.com>; Mº Odéon; €

Lugar para viajantes com mochilas e estudantes sem compromisso. As instalações são simples, mas os 20 quartos (9 com banheiro) são decorados com alegres murais e têm mobília evocando temas ecléticos. Existe um jardim com lago e uma majestosa palmeira, além de um *hammam*.

Hôtel Le Sainte-Beuve
9, rue Sainte-Beuve, 6º *arr.*; tel.: 01 45 48 20 07; www.parishotelcharme.com; Mº Vavin; €€
O elegante Sainte-Beuve, de categoria média, está numa rua tranquila, bem perto das excelentes lojas da rue d'Assas e do Jardin du Luxembourg. Os quartos têm mobília de bom gosto, ar-condicionado; os do andar superior têm claraboias nos banheiros e uma bonita vista do alto do telhado.

O 7º *arrondissement*
Hôtel Lenox
9, rue de l'Université, 7º *arr.*; tel.: 01 42 96 10 95; <www.lenoxsaintgermain.com>; Mº St.-Germain-des-Prés; €€
Este moderno hotel em uma rua calma no abonado 7º *arrondissement* é decorado no estilo *art déco* e é muito popular entre as classes criativas conhecedoras da moda. Os quartos são impecáveis, e as comodidades incluem um bar, serviço de quarto e internet *wi-fi*.

Hôtel de Verneuil
8, rue de Verneuil, 7º *arr.*; tel.: 01 42 60 82 14; <www.hotelverneuil.com>; Mº St.-Germain-des-Prés; €€
Um hotel bem cuidado e aconchegante num elegante prédio do século XVII, no abonado 7º *arrondissement*, com quartos pequenos porém atraentes, no estilo tradicional e atendimento discreto. O cantor Serge Gainsbourg morou bem em frente, e a parede de fora de sua velha casa está decorada com grafitos para homenageá-lo. Bem situado perto de St.-Germain. Acesso *wi-fi* está disponível, bastando comprar um cartão na recepção.

Montparnasse
Hôtel Aviatic
105, rue de Vaugirard, 6º *arr.*; tel.: 01 53 63 25 50; <www.aviatic.fr>; Mº St.-Placide; €€
Despretensioso hotelzinho numa rua calma e agradável, localizado próximo do Jardin du Luxembourg. Os quartos confortáveis foram renovados, e existe um charmoso salão para o café da manhã, decorado com cartazes, e um elegante saguão em estilo imperial. Vale a pena escolher um quarto mais caro, se seu orçamento lhe permitir.

Acima, a partir da esquerda: arranjo de flores; gato em hotel; poltrona chique; sofá elegante.

À esquerda: vista de Notre-Dame a partir do Hôtel Esmeralda.

ONDE COMER

As Ilhas

L'Escale
1, rue des Deux-Ponts, 4º *arr.*; tel.: 01 43 54 94 23; 2ª-sáb., o dia todo; Mº Pont-Marie; €€

Este antiquado e muito movimentado *brasserie-cum-wine* bar serve pratos saborosos como quiches de alho-poró, *chou farci* (repolho recheado) e *clafoutis* (pudim com frutas). Os vinhos, bem selecionados, não são caros, e as batatas fritas são deliciosas.

Louvre, Tuileries e Concorde

Le Grand Véfour
17, rue de Beaujolais, 1º *arr.*; tel.: 01 42 96 56 27; <www.relaischateaux.com>; 2ª-5ª, de 12h30-13h30, 20h-21h30; 6ªs, 12h30-14h; fecha em ago.; Mº Palais-Royal; €€€€

Escondido sob os arcos do Palais Royal, encontra-se um dos mais bonitos restaurantes de Paris. Aberto em 1784, Le Grand Véfour satisfez, entre outros, os paladares de Napoleão e dos escritores Lamartine, Colette e Vítor Hugo. Hoje prepara uma cozinha sofisticada sob a égide do *chef* Guy Martin.

Preço, por pessoa, de jantar à *la carte* com dois pratos principais e meia garrafa de vinho da casa:

€€€€	acima de 60 euros
€€€	40-60 euros
€€	25-40 euros
€	abaixo de 25 euros

Kinugawa
9, rue du Mont-Thabor, 1º *arr.*; tel.: 01 42 60 65 07; 2ª-sáb., 12h-14h30, 19h-22h; Mº Tuileries; €€€€

Paris tem alguns restaurantes japoneses realmente bons; este é dos melhores, mais antigos e grande favorito dos astros do cinema. Cada refeição justifica o seu valor: impecável qualidade e bela apresentação de pratos, como sashimi de linguado e manjar de ovos são salpicado com nozes do Japão e pedaços de sardinha.

Le Meurice
Hôtel Meurice, 228, rue de Rivoli, 1º *arr.*; tel.: 01 44 58 10 10; <www.meuricehotel.com>; 3ª-6ª, 12h-14h, 19h30-22h; sáb., 19h30-22h, fecha em ago.; Mº Tuileries; €€€€

Os melhores ingredientes preparados de maneira sutil e delicada pelo *chef* Yannick Alléno. Uma das mais refinadas cozinhas de Paris.

Opéra e Grandes Bulevares

Aux Lyonnais
32, rue St.-Marc, 2º *arr.*; tel.: 01 42 96 65 04; 3ª-6ª, 12h-14h, 19h30-23h; sáb. 19h30-23h, fecha em ago.; Mº Grands-Boulevards; €€€

Fundado em 1892, este bistrô ainda mantém a decoração original, mas foi belamente renovado sob a direção do *chef* Alain Ducasse. O cardápio faz jus às especialidades de Lyon, com versões de *quenelles* [bolinhos] de peixe e lagostim. Também se destacam as coxas de rã, charcutaria, excelentes tipos de carne e vinhos regionais.

Acima, a partir da esquerda: alta gastronomia; cadeiras empilhadas; sobremesa em L'Os à Moëlle (ver p. 123); cardápio no quadro-negro.

Pão grátis
O pão é servido gratuitamente em qualquer refeição, e você tem direito a consumir quanto quiser. Não se acanhe em pedir mais.

Chartier
7, rue du Faubourg-Montmartre, 9º *arr.*; tel.: 01 47 70 86 29; diariamente, 12h-23h30; Mº Grands-Boulevards; €

Chartier é o mais conhecido local de preços módicos da cidade. O ambiente, em si, já vale a visita, com decoração *belle époque* e garçons solícitos; recentemente não foi bem recebida a troca das toalhas de mesa xadrez pelas de papel branco. As mesas são compartilhadas com outras pessoas, sem cerimônia. Chegue cedo se quiser conseguir lugar.

Gallopin
40, rue Notre-Dame-des-Victoires, 2º *arr.*; tel.: 01 42 36 45 38; <www.brasseriegallopin.com>; diariamente, 12h-0h; Mº Bourse; €-€€€

Esta *brasserie* em frente à Bolsa de Valores, aberta em 1876, ainda mantém sua elegante decoração em estilo *belle époque*. O chef prepara versões refinadas de pratos tradicionais, incluindo *pâté maison*, *steak tartare* e crepes flambados. O peixe é a grande atração, com especialidades como hadoque cozido no vapor com creme de espinafre, além das travessas de frutos do mar muito frescos. Comida excelente num ambiente distinto.

Le Grand Colbert
4, rue Vivienne, 2º *arr.*; tel.: 01 42 86 87 88; diariamente, 12h-1h; Mº Bourse; €€€

Esta ampla e bela *brasserie*, inaugurada em 1830, oferece os tipos de pratos tradicionais que os franceses sempre procuraram nas *brasseries*. Escolha desde *carpaccio* de carne, folhado de queijo de cabra, linguado *à la belle meunière*, *escargots* da Borgonha ou coxas de rã ao alho, queijos curados, musse de chocolate e *îles flottantes* [ovos nevados].

Taillevent
15, rue Lammenais, 8º *arr.*; tel.: 01 44 95 15 01; 2ª-6ª, almoço e jantar; Mº George-v; €€€€

Um dos mais ilustres restaurantes da alta gastronomia parisiense, e ainda assim despretensioso. A comida é magnífica: a criatividade chega a apresentar um risoto de tutano com trufa negra, creme e parmesão.

Beaubourg e Les Halles

Benoît
20, rue St.-Martin, 4º *arr.*; tel.: 01 42 72 25 76; 12h-14h, 19h-23h; Mº Hôtel-de-Ville, Châtelet; €€€€

Neste bistrô clássico, famoso pela excelente comida e preços altos, o *chef* Alain Ducasse serve *terrines* e outros pratos sempre na moda. Atendimento altamente profissional e sofisticado.

La Fresque
100, rue Rambuteau, 1º *arr.*; tel.: 01 42 33 17 56; diariamente, 12h-15h, 19h-0h; Mº Les Halles; €-€€

Sentar lado a lado em uma das enormes mesas de madeira faz parte do charme deste cenário (telhas de faiança branca, afrescos etc.). A comida deste bistrô, como o guisado de carne e o pato, é excelente, e os funcionários são muito cordiais. O cardápio inclui sempre um prato vegetariano.

INFORMAÇÕES 119

Estrelas Michelin
Estes respeitados créditos da culinária são levados muito a sério na França. Na época da impressão deste guia, Paris tinha 10 restaurantes com 3 estrelas (Londres, por exemplo, tinha apenas um). Perder uma estrela pode significar uma queda de clientela e abalar a reputação do *chef*. Em 2003, o simples temor de perder uma estrela após o artigo desfavorável de um crítico levou Bernard Loiseau, *chef* famoso, ao suicídio.

Marais e Bastilha

404
69, rue des Gravilliers, 3º *arr.*; tel.: 01 42 74 57 81; 2ª-6ª, 12h-14h30, 20h-0h, sáb.-dom., 12h-16h, 20h-0h; Mº Arts-et-Métiers; €€

Lotado e moderno, com assentos baixos e vitrais coloridos iluminando as mesas. O cardápio marroquino apresenta tortas de massa folhada, *brochettes* de cordeiro, uma seleção exótica de cuscuz e tahines, além de sobremesas com aromas árabes. Comida muito boa.

Auberge Pyrénées-Cévennes
106, rue de la Folie-Méricourt, 11º *arr.*; tel.: 01 43 57 33 78; 2ª-6ª, 12h-14h, 19h-23h; sáb. 19h-23h; fecha de meados de jul. a meados de ago. e na primeira semana de jan.; Mº République; €€-€€€

Há um motivo pelo qual este ótimo local ganhou recentemente o prêmio de melhor bistrô: os garçons são cordiais, a decoração é ímpar (as toalhas em roxo e branco, pisos em terracota, e cabeças de animais empalhados na parede) e a comida farta é de primeira. Experimente o caviar de lentilha ou a *frisée aux lardons* (salada com *bacon*), acompanhados por *cassoulet*, pés de porco, *quenelles* de peixe e babás ao rum ou profiteroles.

Preço, por pessoa, de jantar *à la carte* com dois pratos principais e meia garrafa de vinho da casa:

€€€€	acima de 60 euros
€€€	40-60 euros
€€	25-40 euros
€	abaixo de 25 euros

Le Pamphlet
38, rue Debelleyme, 3º *arr.*; tel.: 01 42 72 39 24; 3ª-sáb., 19h30-23h; fecha por duas semanas em ago. e duas semanas em jan.; Mº Filles-du-Calvaire; €€€

A maioria dos restaurantes neste ponto da cidade compõe-se de locais de negócios com pouco movimento, mas o *chef* Alain Carrère apresenta uma prática francesa mais sugestiva e de qualidade absolutamente perfeita. Risoto de lula *à la* tinta com bolinhos de *escargot* e banana assada com pudim de pão são apenas dois exemplos de um cardápio que muda diariamente. Há bastante espaço entre as mesas, e a decoração lembra um cenário rústico. Jantar farto e saboroso por €30.

Paris Main d'Or
133, rue du Faubourg-St.-Antoine, 11º *arr.*; tel.: 01 44 68 04 68; 2ª-sáb., 12h-15h, 20h-23h, fecha em ago.; Mº Ledru-Rollin; €€

Por ser escuro e sem traços marcantes, nem sempre este restaurante é notado. Mas é um dos melhores representantes da culinária da Córsega, com deliciosa charcutaria, sopa de peixe e porco assado no cominho.

Champs-Élysées e Trocadéro

Alain Ducasse no Plaza Athénée
25, avenue Montaigne, 8º *arr.*, tel.: 01 53 67 65 00; <www.alain-ducasse.com>; 2ª-6ª, 19h45-22h, fecha nas duas últimas semanas de dez. e da metade de jul. à metade de ago.; Mº Alma-Marceau; €€€€

Cozinha elevada à categoria de arte pelo grande *chef* Alain Ducasse, o primeiro a receber 6 estrelas do guia Michelin (3 para cada um dos 2 restaurantes), e seu assistente Christophe Moret. Segundo Ducasse, seus pratos não apelam para a fantasia, mas buscam a essência do sabor. Além de trufas em abundância, há esplêndidos legumes da Provence, onde ele começou a ter fama.

Guy Savoy
18, rue Troyon, 17º *arr.*; tel.: 01 43 80 40 61; <www.guysavoy.com>; 3ª-6ª, 12h-14h, 19h-22h30; sáb. 19h-22h30, fecha de meados de jul. a meados de ago.; Mº Charles-de-Gaulle-Étoile; €€€€

Levou algum tempo para que a cozinha sofisticada e criativa de Savoy recebesse a cotação mais alta do Michelin. Filho de jardineiro, sempre deu prioridade aos legumes, muito antes de os produtos orgânicos virarem moda.

Pierre Gagnaire
Hôtel Balzac, 6, rue Balzac, 8º *arr.*; tel.: 01 58 36 12 50; <www.pierre-gagnaire.com>; 2ª-6ª, 12h-14h, 19h30-22h; dom., 19h30-22h, fecha uma semana em fev. e as duas últimas de jul.; Mº Charles-de-Gaulle-Étoile, George-v; €€€€

Pierre Gagnaire é um dos *chefs* mais originais do mundo, e a esmerada composição de seus pratos beira o barroco: como, por exemplo, cordeiro tenro passado no leite de ovelha, coalhada e alcaparras servidas com arroz tostado, couve chinesa com arroz bem aquecido e com brotos de erva-doce. Programa obrigatório para gastrônomos intrépidos.

Le Pré Catelan
Route de Suresnes, Bois de Boulogne, 16º *arr.*; tel.: 01 44 14 41 14; 3ª-sáb., 12h-13h45, 19h30-21h30; dom. 12h-13h45, fecha na última semana de out. e três semanas em fev.; Mº Porte-Maillot; €€€€

No coração do Bois de Boulogne, este é um dos locais mais românticos de Paris. Alta gastronomia com trufas frescas, lagosta, cordeiro e frutos do mar. O *chef* das tortas é considerado um dos melhores da França. Faça reserva.

Montmartre
Casa Olympe
48, rue St.-Georges, 9º *arr.*; tel.: 01 42 85 26 01; 2ª-6ª, 12h-14h, 20h-23h, fecha uma semana em maio, nas primeiras três semanas de ago. e uma semana no Natal; Mº St.-Georges; €€-€€€

Olympe Versini é uma das mais famosas *chefs* e, neste restaurante, espaço íntimo servido pela menor das cozinhas, ela oferece um cardápio limitado, porém de peso, para uma clientela clássica e elegante. Culinária da Córsega que inclui miolo de vitelo, cordeiro assado em tomilho e lasanha.

Le Velly
52, rue Lamartine, 9º *arr.*; tel.: 01 48 78 60 05; 2ª-6ª, 12h-14h, 19h30-22h45; fecha três semanas em ago.; Mº Notre-Dame-de-Lorette; €€-€€€

Este bistrô de bairro em estilo 1930 é muito apreciado pelos parisienses. No interior dos dois andares é servida uma culinária fina e criativa. O cardápio no quadro-negro é definido diariamente, dependendo das ofertas no mercado.

Acima, a partir da esquerda: Gallopin (*ver p. 119*); Aux Lyonnais (*ver p. 118*); *plats du jour* [pratos do dia]; L'Atelier de Joël Robuchon (*ver p. 122*).

Le Fooding

Contração das palavras *"food"* e *"feeling"*, este *slogan* da moderna culinária francesa foi inventado pelo jornalista Alexandre Cammas em 1999 como uma doutrina para reenergizar a cozinha francesa. Entre as suas ideias principais estão: mente aberta, busca de sinceridade, alegria e desejo de inovação. Sua tentativa de afastar o velho conservadorismo parece ter logrado êxito.

Escolha entre carne com ervas, bacalhau grelhado com purê, ou minestrone de melão com queijo fresco. As sobremesas são deliciosas e o pão, feito na casa.

Leste e Nordeste

Ma Pomme
107, rue de Ménilmontant, 20º *arr.*; tel.: 01 40 33 10 40; diariamente, 12h-14h, 19h-23h, fecha por duas semanas em ago.; Mº Gambetta; €-€€

Com o nome de uma canção de Maurice Chevalier, este bistrô de bairro, descontraído, simples e de ambiente cordial, tem um bom custo-benefício. Muito apreciado pela clientela boêmia jovem.

Le Square Trousseau
1, rue Antoine-Vollon, 12º *arr.*; tel.: 01 43 43 06 00; 3ª-sáb., 12h-14h30, 20h-23h30; fecha nas três primeiras semanas de ago., uma semana no Natal e duas semanas em fev.; Mº Ledru-Rollin; €€-€€€

Este bistrô é espaçoso, com luminárias *art déco*, azulejos coloridos e estofados de veludo. No verão, os jantares são no estreito espaço em frente ao jardim. Gaspacho, atum ao molho tártaro, cordeiro no alecrim e hortaliças frescas, um insuperável *steak tartare*, e framboesas ao *gratin*, estão entre as delícias disponíveis.

Le Train Bleu
Gare de Lyon, 12º *arr.*; tel.: 01 43 43 09 06; diariamente, 11h30-15h, 19h-23h; Mº Gare-de-Lyon; €€€

Em plena Gare de Lyon, o terminal de trens do Mediterrâneo, foi construída esta imensa e impressionante *brasserie* para a Feira Mundial de 1900. Com os afrescos do teto representando os destinos para onde vão os trens, mosaicos e detalhes dourados, a estação é em estilo Segundo Império. Cozinha tradicional francesa bem-feita e bem servida. Cardápios a preço fixo com bom custo-benefício.

Quartier Latin e St.-Germain

Allard
41, rue St.-André-des-Arts, 6º *arr.*; tel.: 01 43 26 48 23; 2ª-sáb., 12h-14h30, 19h-23h30; fecha por três semanas em ago.; Mº St.-Michel; €€-€€€

A sombria decoração *art nouveau* faz dele um dos mais adoráveis bistrôs de Paris, com duas salas pequenas, mas aconchegantes, que sugerem a magia da Rive Gauche. A comida é tradicional e muito boa: pato com azeitonas, cordeiro assado, linguiça à Lyonnaise, por exemplo.

O 7º e o 15º *arr.*

L'Atelier de Joël Robuchon
5, rue de Montalembert, 7º *arr.*; tel.: 01 42 22 56 56; diariamente, 11h30-15h30, 18h30-0h; Mº Rue-du-Bac, St.-Germain-des-Prés; €€€

Preço, por pessoa, de jantar *à la carte* com dois pratos principais e meia garrafa de vinho da casa:

€€€€	acima de 60 euros
€€€	40-60 euros
€€	25-40 euros
€	abaixo de 25 euros

Acima, a partir da esquerda: restaurante japonês; chef no Allard; anotando pedidos; xícaras de café.

Até os parisienses calejados fazem fila, chova ou faça sol, para provar as *brochettes* de *foie gras* ou a *tapenade* (pasta de alcaparras, azeitonas pretas e enchovas no azeite) com atum fresco, criados por um dos mais respeitados *chefs* da França. O restaurante está construído em torno de uma cozinha aberta, de modo que se pode observar os cozinheiros em ação, e o ambiente deixa você à vontade. Reservas são aceitas somente para os primeiros horários (11h30 e 18h30).

L'Os à Moelle
3, rue Vasco-de-Gama, 15º *arr.*; tel.: 01 45 57 27 27; 3ª-sáb., 12h-14h, 19h-23h30, fecha por três semanas em ago.; Mº Lourmel; €€€

Para uma comida de alta qualidade a preço muito razoável, este despretensioso bistrô de esquina é um endereço que vale a pena. O *chef* Thierry Faucher prepara um cardápio com 6 opções a preço fixo (€38), que muda toda noite, com duas opções para cada prato. Não se preocupe com o cardápio limitado: tudo é muito bom e bem servido. Decoração alegre, colorida e surpreendentemente simples, diante da excepcional qualidade da comida.

Montparnasse e Nouvelle Rive Gauche

La Coupole
102, boulevard du Montparnasse, 14º *arr.*; tel.: 01 43 20 14 20; <www.coupoleparis.com>; 2ª-sáb., 8h30-1h; Mº Vavin; €€€

Esta legendária *brasserie* em *art déco* (a maior de Paris) abriu em 1927 e continua ótima. Dirigida atualmente pelo grupo Flo Brasserie, mantém o ambiente jovial e a popularidade intacta. A comida clássica da *brasserie* inclui travessas enormes de mariscos, *choucroute* e linguiças alsacianas, bifes e ensopados fartos.

Hélène Darroze
4, rue d'Assas, 6º *arr.*; tel.: 01 42 22 00 11; 3ªs, 19h30-22h15, 4ª-sáb., 12h30-14h30, 19h30-22h15; fecha em ago.; Mº Sèvres-Babylone; €€€€

Uma das principais *chefs* da cidade, Hélène Darroze trouxe o melhor do sudoeste para a cidade, com um leve e caprichoso toque. O andar térreo é reservado para tapas; para jantares formais, suba e prove o *foie gras* na brasa com frutas caramelizadas, ou o cordeiro com cuscuz, grão-de-bico e hortelã. Ambiente elegante e moderno.

La Régalade
49, avenue Jean-Moulin, 14º *arr.*; tel.: 01 45 45 68 58; 2ªs, 19h-23h; 3ª-6ª, 12h-14h30, 19h-23h, fecha em agosto; Mº Alésia; €€

Endereço certo para gastrônomos de qualquer canto de Paris há mais de 10 anos, La Régalade está sob nova direção. O *chef* Bruno Doucet deu vida nova ao estabelecimento, mantendo o que tinha de melhor, sobretudo o preço razoável. Comece com o *pâté de campagne* com pão "rústico" e continue com um creme de nozes sobre um pudim de *foie gras*, coração de pato com shimeji-preto e o suflê Grand Marnier para encerrar. O cardápio a preço fixo custa €30.

Vegetarianos na França
Os pratos vegetarianos da cozinha francesa não são muitos, o que pode ser um problema para alguns turistas. Até mesmo os pratos que não são de carne, às vezes levam *bacon* ou caldos à base de carne. Uma solução seria pedir duas entradas preparadas sem carne, em vez de um prato principal, ou escolher pratos com ovo e batata. Num restaurante mais caro, você pode telefonar antes e pedir uma refeição vegetariana; isso dará tempo para prepará-la. Outra opção seria procurar os restaurantes especializados, que servem lanches e refeições esmeradas de três pratos, sem carne.

CRÉDITOS

© 2008 Apa Publications GmbH & Co.
Verlag KG (Cingapura)
Todos os direitos reservados.

Paris a pé
Título original: *Step by Step Paris*
Autor: Michael Macaroon
Editora-chefe da série: Clare Peel
Cartografia: James Macdonald
Gerentes de fotografia: Hilary Genin/ Steven Lawrence
Editor de arte: Ian Spick
Produção: Kenneth Chan
Diretor editorial: Brian Bell
Fotografias de: Apa: Pete Bennett, Jerry Dennis, Annabel Elston, Britta Jaschinski, Michael Macaroon, Ilpo Musto e Clare Peel, exceto: 4Corners 117BR; AKG 28TR, 32TL, 32TR, 33TL, 33TR, 44TR; Alamy 11BR, 36TR, 37TR , 46TR, 55TR, 71T, 74TL, 88TL, 88TR, 98T, 99T, 104TR, 112; The Art Archive 32B, 41CR; Guy Bourdier 65TR; The Bridgeman Art Library, 13TR, 20 (todas), 21B, 31B, 91TL, 91CR, 96TR, 97BL; Corbis 21CT, 21CB, 40TL, 79BR, 89TL, 89TR; Getty 70T; Getty/Francisco Hidalgo 2/3; Musée Association Les Amis d'Edith Piaf 74BL; Musée de la Ville de Paris 53B; Paris Tourist Office/Fabian Charaffi 43TR; Photolibrary 8/9; George Taylor 80TL; Topham Picturepoint 94CL
Capa: age fotostock/SuperStock

© 2009, Martins Editora Livraria Ltda.,
SãoPaulo, para a presente edição.

Publisher: Evandro Mendonça Martins Fontes
Coordenação editorial: Vanessa Faleck
Produção editorial: Luciane Helena Gomide
Produção gráfica: Carlos Alexandre Miranda
Diagramação: Triall Composição Editorial Ltda.
Preparação: Angela das Neves
Revisão: Denise R. Camargo
Dinarte Zorzanelli da Silva
Julio de Mattos

1ª edição 2009 | 1ª reimpressão 2015

Todos os direitos desta edição reservados à
Martins Editora Livraria Ltda.
Av. Dr. Arnaldo, 2076
01255-000 São Paulo SP Brasil
Tel.: (11) 3116.0000
info@emartinsfontes.com.br
www.emartinsfontes.com.br

Dados Internacionais de Catalogação na Publicação (CIP)
(Câmara Brasileira do Livro, SP, Brasil)

Macaroon, Michael
 Paris a pé / Michael Macaroon ; tradução Estela dos Santos Abreu e Carlos dos Santos Abreu. – São Paulo : Martins Editora, 2009. – (Guias de viagem Insight Guides)

 Título original: Step by Step Paris.
 ISBN 978-85-61635-30-5

 1. Paris (França) – Descrição e viagens – Guias I. Título. II. Série.

09-01864　　　　　　　　　　　　　　　　　　CDD-914.436

Índices para catálogo sistemático:

 1. Guias de viagem : Paris : França 914.436
 2. Paris : França : Guias de viagem 914.436

Nenhuma parte deste livro pode ser reproduzida, armazenada em sistema de recuperação ou transmitida sob nenhuma forma nem por nenhum meio (eletrônico, mecânico, por fotocópia, gravação ou qualquer outro) sem prévia autorização escrita de Apa Publications. Citações curtas do texto, com o uso de fotografias, estão isentas apenas no caso de resenhas do livro. As informações foram obtidas de fontes creditadas como confiáveis, mas sua exatidão e completude, e as opiniões nelas baseadas, não são garantidas.

ÍNDICE REMISSIVO

A

Abbesses, Les **65**
achados e perdidos **102**
aeroportos **107**
aluguel de carros **109-10**
anfiteatro romano **57**
Arc de Triomphe de l'Étoile **30, 40-1**
Arc de Triomphe du Carrousel **30, 34**
área de prostituição **48**
Arènes de Lutèce **57**
arquitetura **12-3**
arrondissements (distritos) **11, 103**
Arsenal Marina **75**
Au Lapin Agile **67**

B

Balzac, Honoré de **82-3**
Barye, Antoine-Louis **27**
Bastilha **13, 55**
Bateau-Lavoir **68**
Beaubourg **46-9**
Belleville **73-4**
Bercy **13, 80-1**
Berthillon **27**
Bibliothèque Nationale F. Mitterrand **13, 30, 81**
Bois de Boulogne **85**
Bois de Vincennes **80-1**
Bourse du Commerce **49**
Butte Bergeyre **74**

C

Canal St.-Martin **75-7**
canais **75-7**
carte musées (cartão dos museus) **29**
Castel Béranger **84**
Castelo de Versalhes **90-3**
Centre National de la Photographie **35**
Centre Pompidou **13, 46-7**
Champ de Mars **38**
Champs-Élysées **40-3**
Chapelle du Martyr **65**
Château des Brouillards **68**
Château de Fontainebleau **12, 94-5**
Château de Malmaison **88-9**
Château de Vincennes **81**
Chirac, Jacques **13, 21**
Cinémathèque Française **80-1**
Cité de l'Architecture et du Patrimoine **71**
Cité des Enfants **77**
Cité de la Musique **78**
Cité des Sciences et de l'Industrie **77**
Claudel, Camille **39**
clima **102**
Colonne de la Grande Armée **44**
Colonne de Juillet **55**
Colonne Médicis **49**
combustível **110**
Comédie-Française **45**
Conciergerie **25**
consulado **103**
correio **102**
criminalidade **102**

D

Dalí Paris – Espace Montmartre **67**
Dalí, Salvador **67**
David, Jacques-Louis **21**
Défense, La **13, 30, 86-7**
Delacroix, Eugène **31-3, 62**
Delanoë, Bertrand **21**
dinheiro **102-3**
Disneyland Resort Paris **98-9**

E

École Militaire **38**
Église du Dôme **39**
Église de la Madeleine **43**
Eiffel, Gustave **36, 37**
Eixo Real **13, 30, 87**
eletricidade **103**
embaixada **103**
emergência **107**
endereços **103**
estacionamento **110**
Estúdio Brancusi **47**
etiqueta **13**

F

Fauchon **43**
Fondation Le Corbusier **84**
Fondation Monet **96-7**
Fontaine du Trahoir **49**
Fontainebleau **94-5**
fuso horário **103**

G

galerias e passagens **19, 45**
Galerie Véro-Dodat **19**
Galerie Vivienne **19**
Gambetta, Léon **65**
Garçon, Nathalie **19**
Garnier, Charles **13, 37, 44**
Gaultier, Jean-Paul **19**
Géode **77**
geografia **10**
Giverny **96-7**
Grand Palais **42**
Grande Arche **13, 30, 86-7**
Grande Halle **78**
Grandes Bulevares **44**
grands projets **13, 30**

H

Halles, Les **13, 48**
Hardouin-Mansart, Jules **13, 90-3**
Haussmann, barão Georges **13, 21, 41, 82**
Hédiart **44**
história **20-1**
Hôpital St.-Louis **76**
horário comercial **103**
hospedagem **112-7**
Hôtel Baudy **97**
Hôtel de Crillon **43**
Hôtel-Dieu **26**
Hôtel Lauzun **27**
Hôtel Matignon **39**
Hôtel du Nord **76**
Hôtel de Rohan **51**
Hôtel de Soubise **51**
Hôtel de Sully **54**
Hôtel de Ville **51**
Hugo, Vítor **55**

I

Île de la Cité **24-7**
Île St.-Louis **27**
informações turísticas **107**
Institut de France **62**
Institut du Monde Arabe **13**
Invalides, Les **38**
IRCAM **47**
itinerários recomendados **6-7**

J

Jardin du Luxembourg **63**
Jardin des Plantes **56-7**
    Galerie de Paléontologie **56**
    Grande Galerie **57**
    Ménagerie **56-7**
    Musée de Minéralogie **56**
Jardin de Reuilly **80**
Jardin des Tuileries **33-5, 43**

Jardins du Ranelagh **85**
Jeu de Paume **35**

K

Kilomètre zéro **26**

L

Ladurée **43, 62**
Le Brun, Charles **13, 90-1**
Le Corbusier **13, 84**
leis alfandegárias **104**
Le Nôtre, André **13, 33, 41, 90-3**
Louvre **28-33**

M

Maille **44**
Maillol, Aristide **34**
Maison de Balzac **83**
Maison de Radio-France **83**
Maison de Victor Hugo **55**
Maison de la Villette **78**
Mallet-Stevens, Robert **13, 84**
mapa **104**
Marais **50-5**
Marché aux Fleurs **26**
Maupassant, Guy de **37**
Médicis, Catarina de **33**
Mémorial des Martyrs de la Déportation **26**
Ménagerie **56**
metrô **108-9**
Michelin, estrelas do **15-6**
mídia **104-5**
Mitterrand, François **13, 21**
Mona Lisa **29, 31-2**
Monet, Claude **34, 35, 39, 96-7**
Montmartre **64-9**
    vinhedo **67**
Mosquée de Paris **57**

Moulin de la Galette **68**
Moulin Rouge **69**
Musée de l'Armée **38**
Musée d'Art Américain **97**
Musée d'Art Moderne de la Ville de Paris **70**
Musée d'Art Naïf Max Fourny **65**
Musée des Arts Décoratifs **33**
Musée des Arts Forains **81**
Musée des Arts de la Mode et du Textile **33**
Musée Carnavalet **53**
Musée de Cluny – Musée National du Moyen-Âge **59**
Musée Cognacq-Jay **52**
Musée de l'Histoire de France **51**
Musée de l'Homme **71**
Musée Jacquemart-André **44**
Musée Marmottan **85**
Musée de Minéralogie et de Géologie **56**
Musée de la Mode – Musée Galliera **70**
Musée de Montmartre **67**
Musée de la Musique **78**
Musée National des Arts Asiatiques – Musée Guimet **70-1**
Musée National Eugène Delacroix **62**
Musée National du Luxembourg **63**
Musée National de la Marine **71**
Musée National Picasso **52-3**
Musée National Rodin **38-9**
Musée de l'Orangerie **34-5**
Musée d'Orsay **13, 30, 39**
Musée de la Parfumerie Fragonard **44**
Musée de la Publicité **33**
Musée du Quai Branly **13, 38**
Musée du Vin **83**
Museu do Louvre **28-33**

N

Napoleão **13, 20-1, 29, 34, 38, 41, 88-9, 91, 94-5**
necessidades especiais **105**
Noir, Victor **73**
nordeste de Paris **75-9**
Notre-Dame **12, 26-7**
Nouvel, Jean **13**

O

Odéon **63**
oeste de Paris **82-5**
onde comer **14-7, 118-23**
ônibus **108**
Opéra National de la Bastille **13, 55, 80**
orientação **9-21**
Ott, Carlos **55**

P

Pagode, La (cinema) **39**
Palais de Chaillot **71**
Palais de la Découverte **42-3**
Palais Garnier **44**
Palais de la Porte Dorée **80-1**
Palais Royal **45**
Palais de Tokyo **70**
Palais des Tuileries **33, 34**
panorama da cidade **10-3**
Panthéon **58**
Parc de Belleville **74**
Parc de Bercy **81**
Parc des Buttes-Chaumont **74, 78-9**
Parc Floral **81**
Parc de Passy **83**
Parc de la Villette **77-8**
Paris nordeste **75-9**
Paris oeste **82-5**
Passage du Grand Cerf **19**
Passage des Panoramas **19**
Passerelle Solférino **33**
penhores **51**
Peï, I. M. **13, 30**
Père Lachaise **72-3**
Período do Terror **25**
Périphérique (Periférico) **10-1**
Petit Palais **42**
Piaf, Édith **74**
Pigalle **69**
place de la Concorde **43**
place de la Contrescarpe **58**
place Dauphine **25**
place St. Michel **60**
place Suzanne-Buisson **68**
place du Tertre **66-7**
place Vendôme **44-5**
place des Vosges **51, 54**
Planetarium **77**
Pont de Crimée **76**
Pont de la Tournelle **27**
Pont-Neuf **24-5**
população **11**
Portzamparc, Christian de **78**
Procope, Le **60**
protestos **10**

Q

Quartier Latin **56-9**

R

Radio France **83**
Reduto judeu **53-4**
religião **105**
Resistência **35**
restaurantes **14-7, 118-23**
Revolução Francesa **20**
Rodin, Auguste **34, 39**
Rond-Point **42**
Rotonde de la Villette **76**
rue Mouffetard **57, 58**
Rueil-Malmaison **88-9**

S

Sacré-Cœur **65-6**
Saint-Sulpice **62-3**
Sainte-Chapelle **12, 25-6, 27**
Sarkozy, Nicolas **13, 21**
Satie, Erik **66**
saúde **106**
segurança **102**
Sena, rio **10**
Sevigné, madame de **53**
Shakespeare & Co. **59**
compras **18-9**
Site de Création Contemporaine **70**
Sorbonne **58**
Spreckelsen, Johan Otto von **87**
square du Vert-Galant **25**
square Viviani **59**
St.-Étienne du Mont **58**
St.-Eustache **48-9**
St.-Germain **60-3**
St.-Germain-des-Prés **61**
St.-Jean de Montmartre **65**
St.-Julien-le-Pauvre **59**
St.-Louis-en-l'Île **27**
St.-Merri **47**
St.-Pierre de Montmartre **66**
St.-Roch **44-5**
St.-Serge de Radogène **79**
Stohrer **48**
Stravinsky, Fonte **47**
Studio 28 **69**
Synagogue **54**

T

táxis **109**
telefones **106**
Théâtre de la Huchette **59**
Théâtre de l'Odéon **63**
Tombeau du Soldat Inconnu **41**
Torre Eiffel **36-8**
Tour Jean-sans-Peur **48**
transportes **107-10**

transportes turísticos **110-1**
trens **109**
Trocadéro **70-1**
Tuileries, Jardin des **33-5**
turismo gay **104, 111**

V
Val-de-Grâce **12**
Valland, Rose **35**
valores familiares **10**
Van Gogh, Vincent **39, 68**
Vaux-le-Vicomte **95**
Vélib' (aluguel de bicicletas) **12, 75, 85**
Vênus de Milo **31**
Versalhes **90-3**
Villette, La **13, 77-8**
vistos **111**

W
Walt Disney Studios **99**

Z
Zénith **78**
Zola, Émile **48**
Zouave **71**